드라마를 활용한 문화교육 연구

양 평 楊萍 yangpingkorea@126.com

중국 흑룡강성 치치하얼 출생
중국 흑룡강대학교 한국어어학과 문학학사
한국 충남대학교 언론정보학과 문학석사
한국 충북대학교 외국어로서의 한국어교육학과 교육학박사
현재 중국 칭다오이공대학교 인터넷과 신매체학과 강사

주요 논저

『두만강 유역 역사문화 연구』, 「한국 영화를 활용한 문화교육 연구」, 「중국대학교 한국어 교육
의현황과 개선 방향: 4년제 본과 교육을 중심으로」, 「한국드라마 교육기능의 개발」, 「한류의
변동」, 「한국의 문화 여행-술문화」

드라마를 활용한 문화교육 연구
影視劇的文化敎育功能

초판 1쇄 인쇄 2022년 4월 20일
초판 1쇄 발행 2022년 5월 10일

지 은 이 양 평(楊 萍)
펴 낸 이 이대현
펴 낸 곳 도서출판 역락

책임편집 임애정
편   집 이태곤 권분옥 문선희 강윤경
디 자 인 안혜진 최선주 이경진
마 케 팅 박태훈 안현진

펴 낸 곳 도서출판 역락 / 서울시 서초구 동광로46길 6-6 문창빌딩 2층(우-06589)
전   화 02-3409-2058 FAX 02-3409-2059
이 메 일 youkrack@hanmail.net
홈페이지 www.youkrackbooks.com
등   록 1999년 4월 19일 제303-2002-000014호

ISBN 979-11-6742-299-6 93370

字數 140,775字

*정가는 뒤표지에 있습니다.

드라마를 활용한 문화교육 연구

影視劇的
文化教育功能

양평 楊萍

역락

머리말

언어와 문화가 긴밀하고 불가분의 관계에 놓여 있기 때문에 문화 간 의사소통 연구는 핵심 연구 내용의 하나가 된다. 현재 외국어 교육은 단순히 목표어를 제대로 교수·학습하는 차원을 넘어서 목표 나라의 사회문화 이해를 바탕으로 한 의사소통능력을 기르자는 교육 목표에 중점을 두고 있는 추세이다. 문화를 잘 이해하지 않으면 바람직하고 올바른 언어를 학습할 가능성이 적어진다. 언어를 잘 배우고, 의사소통 능력을 키우기 위해서는 문화교육이 반드시 필요하다.

그러나 한·중 양국이 수교를 하면서부터 양국의 정치, 경제, 문화, 인적 교류의 증가와 한류 열풍, 중국 경제의 급부상 등의 요인으로 중국 대학들에서 한국어교육을 수행하는 규모가 기하급수적으로 발전해왔고, 20여 년간 양국이 심층적인 교류하면서 한국어 교육의 수준도 급속도로 성장해 왔지만 한국 문화교육에 있어서 많은 문제점이 거론되는 형편이다.

한류 열풍의 영향으로 한국의 드라마, 음악, 예능 프로그램 등이 아시아에서 특히 중국, 동남아에서 아주 큰 인기를 끌고 있다. 드라마와 음악을 중심으로 한 한류는 문화 세계화의 일부분이라 할 수 있다. 중국 대학생들은 신세대의 새로운 방식을 통해 한국 드라마를 즐기고 있다.

이 책은 트렌디드라마 「사랑의 불시착」을 활용해 중국 대학에서 공부하고 있는 한국어 학습자들을 위해 효율적으로 의사소통능력을 신장시킬 수 있는 한국 문화교육 방안을 모색하고자 한다. 아울러, 자민족 중심주의를 극복하고, 한민족에 대한 편견과 오해를 불식시키며, 문화의 '다양성'에 대한 인식을 기반으로 하여 한국문화에 대한 올바른 이해와 존중의 태도를 기르게 하는 한국 문화교육의 교수·학습 방안을 제시하는 데에 연구의 목적을 두었다.

이 책은 중국에서도 인기 있는 트렌디드라마 「사랑의 불시착」을 활용해 중국 대학교 한국어학과 2, 3년 학습자에게 행동문화를 중심으로 한 과정안을 제시하고자 한다. 한국인의 언어생활 및 일상생활과 관련된 문화 정보 또는 가치관이라고 할 수 있는 행동문화를 중심으로 트렌디드라마 「사랑의 불시착」을 분석하였고, 중국인 학습자들이 한국의 현대 사회를 적응하고 이해하여, 한국인과 접촉하는 상황에서 필요한 문화를 배우고 상황에 맞게 적절한 태도와 반응을 할 수 있도록 교육방안을 제시한 것이다.

본 연구에서는 PAD 모형으로 행동문화를 중심으로 언어문화인 비언어적인 의사소통 과정안과 생활문화인 술문화 과정안을 제시하였다. 이것은 2021년 3월 16일부터 4월 21일까지 칭다오이공대학교, 수인대학교, 길림외국어대학교, 시안외사학원, 북서번역학원에서 한국어학과 학습자를 대상으로 실험 수업을 진행하고 얻은 결과이다. 이 수업의 효과를 측정하기 위해 학습자 99명과 교사 5명을 대상으로 설문조사를 실시했다.

중국 학습자뿐만 아니라 교사도 트렌디드라마를 활용해 PAD 모형으로 문화교육을 실시하는 것이 아주 긍정적인 평가를 얻었고, 향후에도 이런 식으로 문화교육을 할 것인가라는 질문에 대해 매우 긍정적으로 대답한 것을 근거로 이것이 외국에서 한국 문화교육을 할 때 아주 좋은 방법이라고 말할 수 있다. 이에 따라 트렌디드라마를 활용하고 다양한 교수·학습 모형을 적용하는 연구가 지속적으로 이루어진다면 앞으로 좋은 성과들이 나올 것으로 보인다. 그리고 중국에서 교사뿐만 아니라 학습자도 한국문화 교육의 중요성을 인식하고 있으므로 향후 한국 문화교육의 위상을 한층 더 높일 수 있을 것이다.

2022년 3월

양평楊萍

차 례

제1장
드라마를 활용한
문화교육의 가치 및 연구 방법

드라마를 활용한 문화교육의 가치 및 연구 방법

1. 연구 목적 및 필요성

현재 외국어 교육은 단순히 목표어를 제대로 교수·학습하는 차원을 넘어서 목표 나라의 사회와 문화에 대한 이해를 바탕으로 한 의사소통능력을 기르기 위한 교육 목표에 중점을 두고 있는 추세이다. 외국어 학습자들은 단순히 언어의 네 가지 기능 곧 듣기, 말하기, 읽기, 쓰기뿐만 아니라 그 나라의 문화를 잘 이해하고 잘 활용해야 한다. 즉 목표어의 문법이나 어휘를 잘 습득하고 적절히 사용하는 문법적 능력뿐만 아니라 그 나라의 문화도 잘 알아야 주어진 상황이나 문맥에 사회 맥락적 기능과 담화적 기능, 전략적 기능을 적절하게 사용할 수 있게 된다. 다시 말하면, 외국인 한국어 학습자를 위한 한국어 교육에서는 단순한 언어 교육뿐만 아니라 의사소통 능력 향상과 문화 이해능력 고양을 위한 문화교육이 매우 중요하고 필수적이라고 할 수 있다.

의사소통 능력이란 문법이나 어휘를 이해하고 사용하는 문법적 능력뿐만 아니라 주어진 상황이나 문맥에 맞추어 적절하게 사용할 수 있는 사회 맥락적 기능과 담화적 기능, 전략적 기능까지도 포함하는 개념이다. 그러므로 어떤 말이 특정한 상황 속에서 사용될 때 그 나라의 문화와 사고방식에 대한 이해는 언어 교수·학습에 있어서도 매우 중요한 일이다. 그리고 한국 문화교육은 단순히 한국어를 둘러싼 문화적 맥락을 학습자에게 전달하는 것이 아니라, 학습자의 문화와 적극적으로 소통함으로써 상호 변용을 촉진하는 데 목적을 두어야 한다. 한국어를 교육할 때 학습자에게 한국문화에 대한 이해와 배양만을 강조할 것이 아니라 한국문화를 통해 학습자 자국 문화를 이해할 수 있도록 하는 문화 간 이해 증진에 노력하도록 요구해야 한다.

의사소통에는 언어적 의사소통과 비언어적 의사소통이 있다. 언어적 의사소통은 입말을 통해서 이루어진다. 비언어적 의사소통은 몸짓, 외모, 거리 및 시간에 대한 태도 등등 언어가 아닌 것으로 이루어지는 의사소통이다. 의사소통에서 언어가 차지하는 부분은 매우 적고, 의외로 비언어적 의사소통의 비중이 매우 크다고 할 수 있다. 다음 그림은 의사소통에 있어서 몸짓, 말, 음성 등이 차지하는 비율을 나타낸다.[1]

<그림 1> 의미 전달에 있어서 언어의 최소 기여

언어적인 의사소통은 체계적이며 확실한 규칙과 구조를 갖는 언어를 주로 교재를 통해서 학습하지만, 비언어적인 표현은 별로 의식되지 않으므로 중국에 있는 한국어 교육 현장에서 교수·학

---

1) Mebrabian and M. Wilner, Decoding Inconsistent Communications, Journal of Personality & Social Psychology, 1967, pp.109~114.

습하기가 생각보다 쉽지 않고 그래서 그동안 소홀히 해왔다. 최근에 한국어 교육과 한국어 문화교육에 대한 연구의 수준이 높아지면서, 의식하지 못하고 자신도 모르게 우연히 생활 속에서 터득하고 활용하는 비언어적인 표현이 의사소통 중에서 매주 중요한 부분을 차지하게 되었고, 그래서, 제2언어 학습에서도 비언어적 의사소통이야말로 의식적으로 학습하고 배양해야 하는 중요한 능력이라고 알게 되었다. 비록 비언어적 표현은 언어적 표현보다 덜 구체적이고 덜 체계적이지만 나름의 규칙과 유형을 지니고 있기 때문에 학습하기가 가능하다.

비언어적 표현은 역사적·문화적 차이에 따라 다양해서 문화 간 의사소통 상황에서 원만한 의사소통을 위하여 반드시 교수되어야 한다. 한국어 학습에 있어서도 한국의 문화를 이해하고, 이해한 것을 제대로 전달하기 위해서는 언어뿐만 아니라 비언어적인 행동에 대한 이해가 필수적이다.

외국인에게 원어민의 문화능력을 기대할 수는 없다. 왜냐하면 외국어 학습과 의사소통 능력의 습득은 학습자가 자신이 속한 사회 속에서, 특히 그의 사회 환경 속에서 받아들인 개념, 정의, 태도, 가치, 모국어 습득 등과 관련된 사회화 과정과 연관되어 있기 때문이다. 비록 원어민과 같은 수준의 문화 능력을 기대하기는 어렵다 하더라도 해외에서 문화교육을 통해서 한국문화를 효율적으로 재현한다면, 한국어 학습과 의사소통 능력 습득의 환경을 제공하는 것이나 다름없게 어느 정도는 달성할 수 있으리라고 생각한다. 다행히 인터넷의 발달로 지금은 세계 어디서나 원어민들의 언어생활 모습을 생생하게 접할 수 있게 되었기 때문에 과거에 있었던 시간적, 공간적 제한에서 벗어날 수 있다.

문화는 매체를 통해서 형성되고 전달된다. 문화는 인류 역사 초기부터 현재까지 구비문화, 문자문화, 전파문화, 전자문화의 네 가지 양식으로 전승되어 왔다. 텔레비전이나 라디오를 통한 전파문화의 범위는 좁게는 한 지역에서부터 넓게는 지구전체까지 포함된다.

문화 상품이 국제적으로 유통되는 데에 상대적으로 높은 기여를 하는 특별한 장르의 프로그램이 바로 드라마와 오락이다(양평, 2006). 한류가 세계화하는 데 있어서 드라마와 음악이 중심적인 역할을 한다고 볼 수 있다.

중국에서 1990년대 말부터 한류 열풍이 불기 시작하였다. 최근에도 신세대들인 중국 대학생들은 인터넷으로 한국 드라마를 즐기고, 한국 노래를 배우고 있어 간접적으로 한국문화를 누리는 것이다. 한류를 대표하면서 한국 사회의 모습을 잘 반영하고 있는 영상매체인 드라마는 실제 생활 언어를 제공하고, 풍부하고 다양한 문화적 내용을 포함할 뿐만 아니라 교재에서는 쉽게 배울 수 없는 비언어적인 표현도 제공해 준다. 그리고 제일 중요한 것은 중국 대학생들의 학습에 대한 흥미를 불러일으키고, 한국인의 가치관 등을 살펴볼 수 있게 하며, 자연스러운 문화교육이 가능하다는 점이다.

드라마의 장면이나 대사, 노래 등은 수업자료로 활용하기가 좋고, 다양한 언어 환경, 문화수업 활동을 가능케 하며, 드라마를 통한 한국어교육으로 문화적 맥락에 부합하는 언어를 학습하기에 좋다. 한국 문화교육에서 습득 장소가 국외인 중국의 경우 비언어적 표현 환경을 제공하기가 쉽지 않은데, 이야기를 중심으로 현대 한국인의 생활상을 소개하는 드라마를 활용함으로써 문화 경험을 간접적으로 하는 것이 가능하게 되고, 드라마에서 무엇보다 더 생생하게 느낄 수 있는 비언어적 환경이 학습자들의 흥미를 유발시키는 데 더할 나위 없이 좋다. 따라서 드라마는 문화교육에 있어서 아주 좋은 수업자료로 쓰일 수 있다.

해외에서 한국을 생각할 때 가장 먼저 떠오르는 것은 '드라마', '케이팝(K-pop)' 등이라고 조사되었다.[2] 조사에 의하면 중국 대학생들은 한국 대중문화에 대한 관심도가 높다.

한류문화를 접한 외국인들은 한국에 대해 관심을 가지게 되고 이를 통해서 한국어 학습 동기가 유발되는 경우가 많으며, 한국문화에 대한 관심과 흥미는 학습자들에게 한국어와 한국 문화에 대한 학습 의욕을 고취시킨다. 따라서 중국 대학생들에게 한국 대중문화를 수업 자료로 활용한다면 한국문화의 매력을 학습자들에게 생동감 있게 보여 주고 흥미로운 수업을 수행하면서 한국문화에 대한 이해도를 높일 수 있다. 그렇게 되면 상호 문화 간의 의사소통이 더욱더 원만하게 이루어져 자국문화와 타문화의 비교를 통해서 자민족 중심주의를 극복할 수 있고, 타민족에 대한 편견과 오해를 불식시킬 수 있다. '다양성'에 대한 인식을 기반으로 타문화에 대한 이해와 존중의 태도를 기르는 것은 상호 문화적 시각을 배양하는 데 매우 중요하다.

중국 대학에서 진행하는 한국 문화교육은 한국 현지에서 진행하는 것과 차이가 매우 크다. 한국에서 진행하는 한국 문화교육에서는 학습자들이 교과서를 통해 한국어와 한국문화를 배우게 되지만 한국에 거주하는 동안 교과서에서보다 교과서 밖에서 더 많은 것을 배울 수 있다. 그런데 이미 중국 문화 배경을 가진 성인 학습자에게 한국문화를

---

2) 문화체육관광부 보도자료, 2012년 5월 10일 자.

교육할 때 교실에서만 학습할 수 있으므로 실제 언어 환경을 직접 체험하고 학습하기가 어렵다. 그러므로 이들처럼 문화 환경을 만들어 주어야 한국문화를 많이 체험시키며 가르칠 수 있다. 직접 체험할 수 있는 문화 환경이 없으므로 간접적으로 체험하고 학습하기가 가능한 언어문화 환경을 찾아야 한다는 생각에서 본 논문을 연구하게 되었다.

1992년 8월 한·중 양국이 수교를 하면서부터 한국 기업이 중국 현지 시장에 진출하였으며, 한·중 양국의 정치, 경제, 문화, 인적 교류가 활발하게 이루어졌다. 한류 열풍과 중국 경제의 급부상으로 인한 한중 교류가 폭발적으로 증가하면서 중국 대학들에서 실시하는 한국어교육의 규모가 기하급수적으로 증가했다. 중국 대학에 한국어학과가 많이 생겼다가 최근 몇 년 동안에는 한국어학과의 규모가 줄어드는 추세다.

최근 외국어교육의 목표를 의사소통 능력 향상에 중점을 두게 되었으나, 졸업생들의 사회 진출 결과가 별로 좋지 않다. 문화 이해를 바탕으로 한 진정한 의사소통 능력 습득에 초점을 맞추게 된 한국문화 교육에 대한 관심도가 점차 높아지고는 있으나 체계적으로 어떻게 교수·학습해야 하는지에 대한 방안이 별로 없다. 한국어 교재나 교과과목 등에서 한국어 교육의 방침과 목표를 반영할 수 있지 못 하며, 한국 문화교육의 중요성이 아직도 충분히 강조되지 못하는 현실이다. 그러므로 전환점에 있는 한국어교육은 마땅히 한국 문화교육의 중요성을 충분히 인식하고 한국문화를 교육시키기 위해 인기 있는 드라마를 활용하여 문화 간 의사소통을 원만하게 진행할 수 있도록 해야 한다고 생각한다.

한국어와 한국 문화가 효율적으로 교수·학습되고 편견이나 차별

없이 다양한 문화교육이 존중되어야 한다. 그래서 한국어 교실이 문화의 다양성을 누리고 즐기는 축제의 장이 되고, 상호 문화 간 의사소통 능력을 학습, 배양하는 장이 되게 해야 한다.

이 책은 트렌드드라마 「사랑의 불시착」을 활용해 중국 대학에서 공부하고 있는 한국어 학습자들을 위해 효율적으로 의사소통능력을 신장시킬 수 있는 한국 문화교육 방안을 모색하고자 한다. 아울러, 자민족 중심주의를 극복하고, 한민족에 대한 편견과 오해를 불식시키며, 문화의 '다양성'에 대한 인식을 기반으로 하여 한국문화에 대한 올바른 이해와 존중의 태도를 기르게 하는 한국 문화교육의 교수·학습 방안을 제시하는 데에 연구의 목적을 두었다.

2. 선행 연구 검토

한국 문화교육에 대한 연구는 1990년대 후반부터 활발하게 이루어져 왔다. 최근에는 한국어교육에서 한국 문화교육 방법에 대한 연구가 활발하게 이루어지고 있으며 영화, 드라마, 노래와 같은 대중문화를 활용해서 문화교육 방법을 모색하는 연구가 다양하게 나오고 있다.

본장에서는 드라마를 활용한 한국 문화교육에 대한 한·중 양국의 기존 연구를 살펴 본 연구의 논의 방향을 명확히 하고자 한다.

한귀은(2005)은 고등학교 문화 교과서에 수록된 드라마 관련 내용을 검토하고 향후 드라마 교육 방향을 제시하였고, 기존의 문화교육과 매체교육을 교차적으로 실천할 것을 제안하였다. 서현지(2010)도 비슷하게 제안하였다. 그는 언어교육을 위한 문화교육 활용을 강조하기는 했으나 대체적으로 문화를 부차적으로 활용하는 경우가 많았다. 그는 언어교육에 있어 문화교육은 중요한 요소이고 언어와 문화의 불가분리성을 지적하고 있다. 이런 연구들은 모두 참고할 필요성은 있으나 외국인을 대상으로 하는 문화교육에서의 구체적인 대안으로는 부족하다고 생각한다. 따라서 보다 실용적이고 간편한 교육방안이 필요하다고 할 수 있다.

보다 직접적이고 구체적인 연구들도 있다. 우선 최인자(2004)는 드라마를 활용한 문화교육 방법과 구체적인 교육 내용을 제시하였다. 그는 드라마를 활용해서 언어적인 '거절 화행'을 중심으로 한 교수·학습 방법을 구체적으로 제시하였다.

김하나(2014) 역시 드라마에서 한국인이 자주 사용하는 요청·거절 화행을 연구대상으로 삼아 분석하였다. 그리고 외국인 한국어 학습자를 위해서 요청·거절 화행 교육과 문화교육 방안을 중급 단계의 교육방안으로 제시하였다. 이러한 연구들은 드라마를 통해 한국인 모국어 화자의 구어적 특성을 분석했다는 데 의미가 있다. 그러나 역시 외국인을 대상으로 하는 문화수업에 있어서 요청과 거절 화행은 단편적이고 한계가 분명해 보인다.

위의 연구와는 달리 한선(2007)은 외국 학습자에게 한국문화에 대한 관심을 유발하고 이해를 증진시키기 위해 현실적으로 다양하고 풍부한 한국문화 자료를 얻을 수 있는 영화와 드라마를 활용한 한국 문화교육 방안을 도출하였다.

김동현(2016)도 외국인 학습자들을 대상으로 한 한국어 교육에서 한국문화 교육이 중요하다고 보고 텔레비전 드라마를 활용하여 실제 교육 현장에서 보다 효율적으로 한국 문화교육을 실시할 수 있는 교육

방안을 제안하였다. 이 연구의 특이점은 드라마를 활용한 문화교육의 효율성과 전문성을 높일 수 있도록 선정기준에 따라 세 편의 드라마를 선정하였다는 것이다.

한선(2008, 76-77)은 TV 드라마와 영화 등의 영상 매체는 현실 생활의 실제 언어를 반영하는 실제적(authentic) 자료로서 한국의 생활문화를 이해하는 중요한 매개체이며, 고정되고 고착된 문화의 매체가 아닌 역동적이고 21세기의 다변화되는 문화 양태를 보여 주기에 합당한 문화 학습자료라고 하였다. 그는 중급 학습자를 대상으로 드라마와 영화 한 편씩을 선정하여 한국 생활 문화교육의 모형(준비단계-보기 전 단계-보기 단계-보기 후 단계)에 맞게 실제적인 교수-학습 방안을 제시하였다. TV 드라마의 경우 대표적인 홈드라마인 '하늘만큼 땅만큼'(KBS, 2007)을 선정하여 한국의 결혼문화에 대한 교수-학습 과정안을 제안하였다.

박찬숙(2008)은 한류의 특징을 설명하고 한국문화 교육과 한류의 연관성을 밝히며, 한국문화 교육에서 드라마 활용의 효율성이 크다고 보았다. 그는 대중문화를 수용해서 나타나는 기대 효과로 학습자 스스로의 자발적인 학습을 유도하고 학습자의 흥미와 학습 욕구를 증진하게 하는 것이라고 보았다. 또한 자기 주도적이고 자기만의 효율적 학습방법을 추구하는 학습자에게 대중문화가 효율적이고 효과적인 학습 자료라고 보았다. 한선의 연구는 중국인 학습자를 특정한 대상으로 다룬 점, 한국의 생활문화에 주목하고 있는 점, 그리고 21세기의 역동적이고 다변화된 문화양태를 다루고자 하는 점에서 주목된다.

반경희(2017)는 인기 드라마 「도깨비」를 중심으로 하는 문화교육 원리와 실제를 제시하였다. 그는 드라마의 선정기준으로서 맥거번(McGovern, 1983)이 제시한 비디오 자료가 갖추어야 할 요건과 이정희(1999)의 영화를 선정함에 있어서 주의해야 할 사항을 바탕으로 설정하였는데, 드라마의 선정기준뿐만 아니라 문화에 대해 자세하게 고찰했다는 점이 이 논문의 강점이라 할 수 있다. 하지만 한국에서 인기 있는 드라마는 해외에서도 인기가 있다는 가설에는 예외가 있을 수도 있다.

　최근 들어 한국에서 해외 한국어교육 또는 중국인 학습자들을 특정 대상으로 정한 문화교육 관련 연구들이 많아지고 있다. 그들은 공통적으로 드라마를 활용하여 문화요소를 선정하고 문화교육 항목을 정리, 선정하였으며, 나름대로 수업방안을 제시하고 있다.

　김훈태(2013)는 해외 한국어교육 현장에서 드라마와 가요를 비롯한 한국의 대중문화를 활용한 한국어 교육과정과 그 효과에 대해서 논의하였다. 그것을 토대로 '한국어 수업 모형'도 제시하였다.

　소흠(2016)은 중국 학습자를 위한 다양한 한국 문화교육 활용자료 중에서 드라마를 선택하여 드라마의 교육적인 가치를 살펴보고, 드라마 속에 포함되어 있는 문화요소를 정리하였고, 실제 교육현장에서 활용할 수 있는 교육 자료를 만들었다. 중국인 학습자들에게 한국에 대한 호기심을 갖게 하고, 한국어 학습 동기를 부여할 수 있는 한류 콘텐츠를 활용하여 실제 한국어 수업 현장에서 학습에 도움을 주고자 하였다. 그러나 실제 수업에서 어떻게 자료로서 활용할 것인지에 대한 구체적인 방안은 제시하지 않았고, 해당 드라마를 교육 현장에 적용할 때 중국인 학습자들의 흥미를 유발할 수 있는지를 논의하지 못했다.

　허양(2013)도 드라마를 활용한 문화교육은 일상생활에서 쉽게 접근할 수 있을 뿐만 아니라 자기 주도적 학습이 가능하다는 장점이 있다고 하면서 한 드라마에 한정하지 않고 여러 드라마의 유용한 장면들을 활용하였다. 또한 학습자의 한국어 능력을 고려해서 단계별로 세부

기준을 만들고, 문화교육의 목표와 활용할 드라마 장면을 설정했다. 이런 자료의 문화교육 효과는 당연히 있을 것이나, 학생들이 한 편의 드라마를 보고 공부할 때보다 일관성과 효율성은 떨어진다고 볼 수 있다. 여러 드라마를 선정하는 것은 학습자가 어떤 드라마를 선호하는 가에 따라 집중도가 떨어질 수도 있기 때문이다.

WANG LE(2020)은 한국어 학습자의 의사소통능력 향상을 위해 문화중심 교육방안을 제안하였다. 특히 실제 수업에서의 활용 가능성을 높이고자 중국인 중급 학습자용 교재분석을 통해 문화교육 항목을 선정하고, 이를 반영하는 드라마를 활용한 수업방안을 제시했다는 점에서 기존 드라마 활용 문화교육 연구와는 차별성을 가진다. 이 논문은 중급학습자를 연구대상으로 한 점을 강점으로 하고 있으나, 실제 이미 중급학습자를 대상으로 하는 연구는 있었고, 드라마를 비교연구한 연구 방법은 타연구와의 차별성이나 참신성이 부족하다.

이 외에도 문화항목과 문화요소 및 문화 관련 가치체계에 중점을 둔 연구가 있다.

이은진(2012)은 문헌 조사와 개방형 설문을 바탕으로 작성한 문화항목을 설문 조사하여 SPSS 통계 프로그램의 교차분석 x^2 검정으로 통계적으로 유의미한 차이가 있는 문화항목과 그렇지 못한 문화항목을 분류하였다. 담배, 인사, 식사, 술, 음식, 언어, 종교 등과 관련된 주제 부분에서 한국인과 중국인 학습자 집단 간에 통계적으로 유의미한 차이가 있었다. 다양한 문화적 배경을 가진 사람들이 서로 접촉하는 과정에서 발생하는 문화 충격과 그로 인한 오해, 스트레스를 줄이고, 문화 간 의사소통의 향상을 도모하고자 하는 것이다.

박은영(2019)도 현대 한국 드라마에 나타난 한국인의 언어 사용 양상에 사회문화적 요소가 어떻게 반영되었는지를 살펴보고, 한국어 학습자들에게 유의미한 학습 자료로써 활용될 수 있는 언어문화 요소를 도출하였다.

서경혜(2013)에 따르면 한국어교육은 문화간 의사소통 상황을 전제로 하기 때문에 문화간 의사소통 능력이 상위 목표에 해당하며, 문화는 인간의 행동과 사고의 총체로서 가치체계를 기준체제로 하고 있다. 가치체계는 인간의 행동방향을 결정하는 중요한 평가기준으로 개인과 집단에 내재화되어 있어서 문화간 의사소통 상황에서 커다란 영향을 미칠 수 있다고 보고 그는 문화와 가치체계와의 관계를 알아보고 문화간 의사소통에서의 문화이해의 의미를 살펴보았다.

김미나(金美娜, 2011)는 중국에서의 한국 문화교육에 존재하는 문제점을 파악하고 문화교육의 방안을 제시하였다. 특히 한국 드라마나 영화 같은 영상매체를 활용해 문화를 체험하는 방식을 제안하였다. 하지만 구체적인 교수·학습 과정안을 언급하지 못했기 때문에 실증적인 효과가 별로 없었다.

양평(楊萍, 2016)은 중국의 한국어교육에서 드라마나 영화를 활용해 듣기와 말하기 능력을 향상시키는 데만 제한적으로 활용하는 문제점을 지적하고, 드라마나 영화가 문화교육에도 적합하다는 것을 제시하였다. 그리고 설문조사를 통해 대학에 있는 한국어 학습자가 트렌디드라마를 가장 선호한다는 것을 밝히고, 학습자가 선호하는 방식으로 한국 문화교육을 해야 한다고 주장하였다. 특히 언어교육만 중요시하고, 상대적으로 소홀히 하던 비언어적인 의사소통이 한국어교육에 아주 중요한 역할을 담당할 것이라고 하였는데 이는 아주 의미가 크다고 볼 수 있다.

한국어교육이 한·중 수교 이후부터 활발하게 시작하였다고 본다면, 이제 30년이나 지났지만 드라마를 활용한 한국 문화교육과 관련된 연구는 아쉽게도 너무 드물다. 이것은 한국 문화교육에 대해 아직도 교육계에서 그 중요성을 제대로 인식하지 못한다는 것을 뜻한다. 또한 드라마에는 모든 한국 문화요소가 담겨 있고, 재미있고 바람직한 문화교육이 될 수 있다는 것을 충분히 인식하지 못하고 있기 때문이다. 의식주를 비롯하여 눈으로 볼 수 있는 문화가 있는가 하면, 사람의 인생관, 가치관처럼 내면에 숨어 있어 눈으로 직접 볼 수 없는 문화도 있다. 주제나 문화교육의 목표에 따라 교사가 잘 고르면 문제가 없겠지만, 중국의 연구들은 대부분이 드라마를 활용해 말하기나 듣기 수업을 중심으로 한 언어교육에만 초점을 두는 데 문제가 있다.

한·중 양국이 수교하면서 교류가 많아져 드라마, 음악을 비롯한 한국의 대중문화 '한류'가 중국에서 크게 유행하여 한국어 교육이 각광을 받고 인기가 많아졌고, 따라서 한국어교육의 이론과 실제에 대한 연구들이 점점 많아졌다. 해당 연구들은 한국 드라마를 활용해서 통합적으로 진행하는 언어교육과 구체적으로 언어기능을 제고하기 위한 듣기와 말하기 교육으로 나눌 수 있다. 그 중에서는 드라마를 활용한 듣기와 말하기의 시청각(듣기와 말하기 통합) 교육이 주류를 이루고 있다. 대표적인 연구로는 곽석뢰(郭石磊, 2015), 판연매(潘燕梅, 2012), 서란화(徐蘭花, 2017)가 있다. 이 연구들은 드라마의 실용적인 특성, 의식주, 예의 문화를 반영하는 장점을 살려 기존교재의 부족한 점을 보완하려고 하였으며 드라마의 선정기준과 교수방법 및 교수방법을 제시해 주고 있다.

곽석뢰(2015)는 드라마가 실용적인 특성을 가지고 있어 전통적인 듣

기 교재에 비해 재미있어서 듣기 수업에서 흥미를 유발할 수 있다고
보았다. 그리고 드라마의 선정기준과 주의사항을 제시하였다. 선정기
준은 학습자에게 학습 동기를 부여할 수 있어야 하고 학습자의 언어
숙달정도에 따라 정해야 하며 당시 한국 사회생활을 잘 반영할 수 있
는 드라마로 방언이 적고 표준발음이며 발화 속도가 적당해야 한다고
하였다.

가려나·김정춘(賈莉娜·金貞春, 2010) 역시 드라마에서는 한국의 의식
주와 예의 같은 문화가 잘 표현된다는 점에 착안하고 있다. 그런 부분
들은 듣기 교재에는 없는 부족한 부분이다. 언어 실력이 부족한 학습
자는 먼저 듣기 실력을 키워야 한다. 다음에 학습자의 단어 양을 늘려
야 한다. 그리고 마지막으로 한국인과 교류할 때의 종합 실력을 제고
해야 한다고 주장한다. 그의 연구에서 학습자를 위한 교수 과정을 제
시한 점은 다른 논문과 차별되는 점이다.

전락(田樂, 2016)도 드라마로 학습자의 시각적, 청각적으로 학습자의
흥미를 유발할 수 있어 전통적인 교재의 정보 부족과 효과성이 부족
한 문제점을 보완할 수 있다고 보고, 한국어 듣기 수업의 드라마 선정
기준도 밝히고 교수·학습 과정안을 제시하였다.

서란화(2017)도 드라마를 중심으로 하여 한국어 교육은 학습자의 학
습 동기 유발, 인지와 감정의 통일 등을 논의하고, 드라마를 활용한 교
수방법을 제안하였으며, 말하기 수업의 보완으로 방과 후 자습이나 인
터넷 학습을 추천하고 있다.

장효우(張曉宇, 2011)도 드라마를 활용하여 말하기 연습하는 것은 효과
적인 학습 방법이라고 주장하고, 특히 수업 후에 제2 말하기 수업을
통해서 학습자가 스스로 말하기 능력을 제고할 수 있다고 제안하고

있다.

장위(蔣威, 2020)에서는 MTI 비즈니스 한국어 통역과정에 쓰이는 교재가 부족하다는 점과 교수 모형의 노후화 같은 문제점을 지적한다. 드라마를 활용하여 MTI 비즈니스 한국어 통역 수업에 쓰일 수 있는 응용 모델, 응용 방법과 의미를 연구하였다. 또한 드라마를 활용해 통역 실력을 향상시킬 수 있을 뿐만이 아니라 한국 문화교육도 시킬 수도 있다고 하였다.

이국평(李國平, 2016) 역시 한국 드라마의 특징을 파악하여 선정기준을 제시하고 한국어 시청각 수업방법을 제시하였다. 하지만 구체적인 수업과정안을 제안하지 못한 아쉬움이 있다.

이혜(李慧, 2017)는 드라마의 선정기준을 제시하고 드라마를 활용한 대본 교수법, 문화 교수법, 줄거리 교수법을 제시하였다.

판연매(2012)는 언어교육의 궁극적인 목적은 학습자의 의사소통 능력 향상이라고 주장하면서 실제 생활 속에서 발생하는 대화를 언어 자료로 삼는 것이 매우 중요하다고 하였다. 그는 드라마는 생동감 있고 실제적인 언어를 사용하고 있고 학습자에게 학습 동기를 크게 부여할 수 있어서 한국문화에 대한 이해를 증진 시킬 수 있다고 보았다. 그도 드라마를 활용한 한국어 교육의 장단점과 드라마의 선정기준, 그리고 드라마를 활용한 수업의 이론을 제시하였다. 그러나 교수·학습 실제를 제시하지 못하였다.

유임(劉淋, 2016)은 중국 호남 지역이 한류 열풍을 맞아 드라마와 예능을 이용하여 교육 내용과 문화 활동 및 실천 근거지를 만들어 한국어교육을 촉진시키자고 하였다. 한류 스타를 호남의 홍보 활동에 참여시키고 한국 관광객을 활용해 한국어 학습자들의 실무 능력을 제고하고자 하였다.

3. 연구범위 및 방법

문화교육에 있어서 적절한 교육자료는 매우 중요한 문제이다. 인터넷의 발달로 국경을 넘어 중국에서도 한국 드라마를 손쉽게 접근할 수 있고 한국문화를 간접적으로 체험할 수 있게 되었는데, 이러한 드라마가 한국 문화교육에 있어서 매우 효과적인 매체이자 적합한 자료라고 생각한다.

드라마를 활용해서 효율적이고 효과적인 한국문화교육을 하려면 우선 중국 학습자의 흥미를 유발시킬 수 있어야 한다. 중국의 학습자들은 트렌디드라마를 제일 선호한다(양평, 2016). 이 책에서는 인기가 많은 트렌디드라마 「사랑의 불시착」을 선정하게 되었는데 이것은 맥거번(McGovern, 1983)과 이정희(1999)에서 제안된 선정 기준도 잘 충족시킨다.

문화는 인간 삶의 모든 분야와 관련이 되므로 한국문화의 내용 구성문제는 객관화시키기 매우 어렵다. 연구자마다 주관적 분류가 불가피하기 때문이다. 브룩스(Brooks, 1975)가 내린 정의에서는 성취 문화(Big C)와 일상 문화(small c)라는 용어를 사용하면서 그 실행과 관점을 같이 다루었고, 해멀리(Hammerly, 1986)는 일상문화를 행동문화와 정보 문화로 세분화하여 분류한 바 있다.

문화 크게 유형적 물질문화와 무형적 비물질문화로 나누며, 비물질문화는 다시 인간의 일상문화와 가치문화로 구분할 수 있다. 전체적으로는 문화를 산물, 실행, 관점의 세 가지 요소로 파악할 수 있다. 이런

분류는 모란(Patick. R. Moran)의 『문화교육』에서의 분류와 비슷한 부분
이 있다(정동빈 등, 2004:32). 모란은 위의 산물, 실행, 관점에 공동체와
개인이 두 가지를 더 추가하고 있다.

　이 책에서는 이러한 논의들과 반경희(2017), 한상미(2007), 국립국어원
(2011), 해멀리(1986)의 문화 분류를 참고하여 문화를 성취문화, 행동문
화, 정보문화로 분류하였다.[3]

　행동문화는 일상생활의 총체로 한 사회 속에서 한 민족이 행동하는
양식이다. 따라서 중국 학습자에게는 아주 기본적이고 중요한 행동문
화를 알아야 한민족을 제대로 이해할 수 있다. 이 책에서 행동문화를
중심으로 한국 문화교육을 다루고자 한다. 행동문화 요소는 구체적으
로 다음과 같다.

<표 1> 행동문화 요소 분류

문화유형	문화 요소 분류	문화 요소 내용
행동문화	생활문화	의식주생활, 통과의례, 계절활동, 경제활동, 교통(교통수단, 교통체계)지리(지리/지형, 대표지역과 축제) 공공기관 이용, 통신 공동체생활(가정, 학교, 직장생활) 여가생활(친목모임/동호회, 스포츠, 대중문화)
	언어문화	이름과 호칭, 한글과 한국어 비언어적 행위, 언어예절 신조어, 유행어, 속어, 줄임말, 통신 언어, 고유어와 한자어, 외래어 관용표현, 비유표현, 격언, 고사성어

3) 행동문화는 일상생활의 총체로 한 사회 속에서 한 민족이 행동하는 양식이므로 생활문화
와 언어 문화를 포함하고, 정보문화는 교육을 통해 아는 정보와 사실로 전통문화, 정신문
화, 제도문화를 포함하며, 성취문화는 예술적 · 문화적 업적으로 이미 이루어 놓은 산물이
므로 예술문화, 대중문화, 역사문화를 포함한다.

중국의 대학교는 한 과목 강의 시간이 100분이다. 대부분의 수업은 아직 전통적인 교수법을 택한다. 즉 많은 교사들은 현재까지 100분 내내 일방적으로 학생들에게 지식을 전달한다. 간혹 교사와 학생 간에 문답 등 교류가 있지만 교수법은 대체적으로 일방적이다. 이런 식으로 진행하는 수업의 문제점은 교사가 주도자가 되고 학생은 수동자가 된다는 것이다. 따라서 학생들의 수업 참여도가 떨어지고 그들의 흥미를 유발하지 못하는 것이 현실이다. 교사와 학생들과의 수업 교류가 적어 학생의 주도성과 적극성을 발휘하지 못한다. 특히 신세대 대학생들은 지식의 습득 경로가 많아 인터넷으로도 많은 지식을 얻을 수 있으므로 전통적이고 수동적인 강의법을 선호하지 않는다.

Presentation-Assimilation-Discussion(PAD) 교수·학습 모형[4]은 강의 시간을 두 부분으로 나누는 것이 수업 형식의 특징이다. 한 부분의 시간은 교사에게 강의 시간을 주고 다른 한 부분의 시간은 학생들에게 주어 토론 시간을 갖게 하는 것이다. 이 이론의 핵심은 강의와 토론 간에 심리학의 내면화 과정이 개입하게 하는 것이다. 학생들은 교사의 강의 내용을 다시 한 번 학습하고 나서 질문이나 자기의 생각을 가지고 다시 수업에 들어 학생들 간의 토론에 참여한다.

PAD 교수·학습 모형을 도표로 보면 다음과 같다.

---

4) 장학신(張學新)은 2014년 봄에 중국 복단대학 심리학과 4년제 본과 수업에 실험을 진행하였으며 결과가 매우 좋아 학생들의 호평을 받았다.

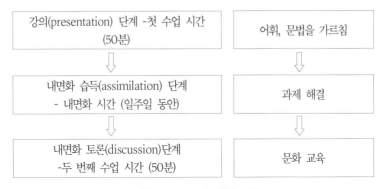

<그림 2> PAD 교수 · 학습 모형

PAD교수 · 학습 모형은 시차를 둔 나누기(隔堂對分, 이하 시차로 나누기)
이다. 이 책에서 실시한 시차로 나누기(隔堂對分)는 첫 교시의 50분 수업
시간에 교사가 강의하고 나머지 교시의 50분은 같은 날에 학습하지
않고 다음 수업 시간에 다시 만나서 첫 교시의 50분 강의내용 대해 학
생들이 토론하고 발표하는 것이다. 그동안 학습자가 자유롭게 시간을
정하여 배웠던 내용을 복습하거나 숙제를 하는 내면화 1단계이다. 그
리고 다음 수업 시간에 내면화 2단계에는 帮帮我,[5) 考考你,[6) 亮閃閃[7)
이 있다. 이런 과정을 통해 배웠던 지식을 내면화하여 능동적으로 적
극적인 참여자가 되게 된다.
   이 책에서는 매트(Met, 1997:7)의 의사소통 교수법을 바탕으로 하는
주제 중심과 PAD교수 · 학습모형을 기준으로 교수 · 학습 모형을 제시
하고 수업 방법을 검토하여 중국 대학교 한국어 학습자를 중심으로

---

5) 帮帮我: 교사가 어떤 지식을 학생에게 가르친다. 학생을 중심으로 하면 '저를 도와주세요.'
   하는 것이다.
6) 考考你: 교사가 학생에게 질문하기도 하고 학생들이 서로 질문하기도 한다.
7) 亮閃閃: 자기의 의견이나 생각을 팀원에게 밝히는 것이다.

한 드라마를 활용한 한국 문화교육 방안을 제시하고자 한다. 언어 능력과 문화 능력의 제고로 한국문화에 대한 문화충격을 완화하여 학습자의 의사소통 능력 신장하는 데에 목표를 둔다.

　PAD교수·학습모형으로 트렌디드라마 「사랑의 불시착」을 활용한 문화교육의 과정안 효과를 입증하기 위해 청도이공대학교, 북서정법대학교, 서안법사대학교, 수인대학교, 길림외국어대학교 등 총 5개 대학의 한국어학과 학생을 대상으로 문화교육을 실시하였고 총 99명의 학생과 5명의 교사에게 설문조사를 실시하였다.

제2장
문화교육의 현황과
드라마 활용 교육

문화교육의 현황과 드라마 활용 교육

이 장에서는 중국 대학교 문화교육의 현황과 문제점을 살펴보고 외국어 교육에서 문화교육의 의미 및 필요성을 밝히며 드라마를 활용한 문화교육에서 드라마 교육적의 가치 및 선정기준 제시하고자 한다.

1. 문화교육의 현황과 문제점

중국에는 한·중 양국 수교 이전에 베이징대학(1946년),[1] 연변대학(1972년), 대외경제무역대학(1951년), 북경제2외국어대학교(1972년), 낙양외국어대학[2](1956년)에만 한국어학과가 있었다. 당시 중국은 북한과 왕래가 잦아 한국어교육이 북한의 영향을 많이 받았으므로 조선어학과라고 하였다.[3] 중국에서의 한국어 교육은 한·중 수교가 이루어진 1992

---

[1] 1946년에 남경의 동방어문전문대학은 최초로 조선어 교육이 시작하여 이후에 베이징대학으로 편입되었고, 이에 따라 일반적으로 베이징대학이 한국어 교육을 최초로 시작하였다고 알려졌다.

[2] 현재 명칭은 낙양해방군외국어대학이다.

[3] 중국에서의 조선어(한국어)교육은 조선족의 조선 언어 문학 교육과 외국어로서의 조선어

년을 중심으로 조선어 교육과 한국어 교육으로 나눌 수 있다. 1946년에 중국 남경동방어문전문대학은 조선어 교육의 출발점이다. 그 후 1992년 8월 한·중 양국이 수교를 하면서부터 한국 기업이 대거 중국 현지 시장에 진출하였으며 한·중 양국의 정치, 경제, 문화, 인적 교류의 증가와 한류 열풍, 중국 경제의 급부상 등의 요인으로 중국 대학들에서 한국어교육 규모는 기하급수적으로 발전해 왔다고 해도 과언이 아니다.

한·중 수교 20여 년간 양국 간의 왕래가 빠르게 발전하면서 한국어 교육도 급속도로 성장해 왔다. 한국어 전공이 있는 대학교가 많이 생겼을 뿐만 아니라 학생 및 교수진도 많이 증가했다.(양평 외, 2019) 또한 짧은 기간에 한국어 교재를 비롯한 연구 성과도 많이 거두었다. 한 마디로 한국어교육은 수교 20여 년의 노력을 통하여 한국어 인재를 많이 배양했고 그 수준 및 연구 성과 등의 측면에서도 훨씬 더 성장했다고 할 수 있다.

그러나 학술연구 참여도 부족, 대동소이한 교과과정, 학생 모집 및 진로 문제, 문화교육을 중요시하지 못한 문제 등 많은 어려움이 있었다(양평 외, 2019). 그중에서 문화교육을 중요시하지 못하는 것은 제일 큰 걸림돌이지 제일 긴박한 문제이다

각 대학교들에서 제정한 한국어 양성 목표가 문장으로 볼 경우에는 기본적으로 중국 교육부 외국어 교육지도위원회에서 제정한 '전공규범' 요구에 근접해 있지만, 양성 목표가 거의 대동소이하다는 점이 지

(한국어) 교육을 포함한다. 이 책에서 말하는 조선어(한국어)교육은 모두 외국어로서의 조선어(한국어)교육을 가리킨다. <외국언어문학종류교수품질국가표준>(外國語言文學類教學質量國家標准) 조선어전공의 코드(050209). 지금까지 중국 대학교에서 정식 명칭은 조선어학과라고 불린다.

적될 수 있다(강은국, 2010). 이에 10년 동안 중국 대학교의 한국어교육이 어떤 변화가 있는지 살펴보기 위해 한국어교육이 발달된 동북 지역, 베이징 지역, 산동의 칭다오 지역, 장강을 중심으로 한 항주 지역 대학의 한국어 학과 그리고 한국어 교육이 덜 발달된 북서지역 대학의 개설한 교육과정을 분석하고, 지역별 대학 한국어학과의 교육과정 및 교육목표를 정리하였다.

<부록 3>에서 보는 바와 같이 10년이 지났음에도 한국어 교육과정은 크게 달라진 것이 없다는 것을 알 수 있다. 대부분의 학교는 기초한국어, 한국어회화, 한국어듣기, 번역 및 통역, 한국어문학사, 한국개황, 한국어 글쓰기 등 과정을 개설하고 있다. 전공의 핵심과목이 비슷할 뿐만 아니라 선수과목도 대동소이하다. 그리고 제일 아쉬운 것은 그동안 문화교육을 많이 강조했지만 실제로 문화교육 수업은 교과과정에 제대로 설치하지 못하고 시대의 발전을 따르지 못하는 상태이다. 이처럼 차별화되지 못하고 문화교육은 여전히 중요시하지 않은 교육과정은 큰 문제라고 할 수 있다.

한국어 교육과정은 모두 어학 능력의 함양에 집중되어 있어 문화교육의 비중은 너무 적다. <부록 3>과 <부록 4>를 볼 수 있듯이 동질화된 교육과정과 인재양성 방안을 거쳐 양성된 인재도 대동소이하다고 할 수 있다. 문화교육의 내용과 방식도 다양하지 못하는 것은 사실이다. 문화교육은 대부분이 교과서를 가지고 수업하는 방식으로 한다. 하지만 문화교육은 가장 좋은 방법은 문화체험이다. 따라서 다양하고 문화체험식의 문화수업을 구성해야 한다.

이를 바탕으로 소홀했던 한국어학과의 문화교육은 적극적으로 추진하고 효율적이고 재미있는 문화교육 방안을 도출하여 문화 간 의사소통 능력을 신장시킬 수 있는 데에 목적을 둔다.

중국 대학교 한국어학과에서 실시하고 있는 문화교육의 상황을 파악하기 위해서 각 기관에서 사용되고 있는 문화교육 교재와 문화교육 관련 과목의 개설 현황 그리고 문화교육의 방식을 살펴보고 존재하는 문제점을 도출하고자 한다.

(1) 교육과정 설정 및 문제점

교육과정은 교육의 목적에 비추어 타당하게 선택된 교육의 내용으로서 방법적 원리의 적용이 가능하도록 조직되어야 하며 구체적으로는 교육목표, 교육내용, 교수 방법, 교수 절차, 학습 경험, 교육 평가의 순환적 과정이 포함되어야 한다.

중국 대학교 한국어전공에서 문화교육은 주로 '한국개황'이나 '한국문화'와 같은 이름으로 개설된 과목이나 '한국어 정독'을 비롯한 어학수업을 통해 이루어진다(김충실, 2006).

중국 내 한국어교육에서의 문화교육은 전문적인 한국문화교육과목과 언어교육과정에서 문화교육을 하는 방법으로 두 가지 측면에서 진행되고 있다. 전문적인 한국문화교육 과목으로 '조선(한국)문화' 혹은 '중한 문화 비교'등이 개설되어 있는데, 이는 한국의 역사, 경제, 정치 등 전반에 걸친 피상적인 지식만 준다. 또 선택과목이라는 시간적 제약에 따르는 약점도 있다. 다른 하나는 교사들은 일반적으로 표면에 드러나는 종교문화, 전통문화, 물질문화 등을 가르치는 것만으로 이해하면서 흔히 어휘구조 속에 내포된 문화 인자에 대한 해석으로 대신해 버리는데 이는 현재 문화교육의 현실이다(박춘연, 2010). 따라서 어휘

구조 속에서만 한국문화요소를 찾아 가르치려는 경향이 많으며 단편적이고 체계적으로 한국문화의 제반 요소들은 결여되어 있는 상태이다.

<부록 4>를 통해 알 수 있듯이 각 기관에서 개설하는 독립적 문화 관련 과목은 학습내용에 따라 대체로 두 가지로 나눌 수 있다. 하나는 문화의 광의적인 개념에 포함된 지식을 학습 내용으로 하는 과목이고, 다른 하나는 문화의 하위 범주에 포함된 개별적인 문화 항목을 학습 내용으로 하는 과목이다. 광의적인 개념에 한국문화, 한국개황이라는 과목을 주요 내용으로 한다. 왕연(2011)는 개별적인 문화 항목 중에서도 언어문화의 하위 영역인 문학을 주요 내용으로 하는 과목이 특히 보편적으로 개설되고 있다는 현황을 여전하다.

중국의 대학 한국어학과에 개설된 문화수업이 아주 적다는 사실이 밝혀진다. 대학교 12개 중에서 필수로 문화 과목을 하나도 개설하지 않은 학교가 2개가 있고 2개 이하로 개설한 학교가 8개 있다. 학생들이 졸업하려면 한 170-180학점이 만족해야 졸업이 가능한데 한 과목은 보통 2학점에 불과하다. 즉 한국 문화과목은 총 과목에 3% 정도에 불과하다. 10여년을 지났는데도 불구하고 한국 문화교육은 여전히 중요시하지 못하는 상태다.

서로 다른 성향을 띠고 있어 인재 양성의 목표도 다르고 다른 성향을 띠고 있는 대학교는 교육과정에서 교육목표와 교육과정의 차이가 뚜렷하게 보이지 않은 것은 문제가 된다. 명문대는 일반대학과 비슷한 교육과정을 하고 있어서 대동소이라고 할 수 있다. 사실은 학생의 소양, 능력에서 교수진의 수준까지 명문대와 일반대학교의 차이는 이만 저만이 아니다. 하지만 <부록 4>를 보면 독립적 문화수업은 절대 다수가 한국문학 과목과 한국개황이 차지하고 있다.

하지만 문학은 문화요소 중의 일부분이지만 압도적인 우세를 보이는 것은 문제점이 된다. 문학에서도 역사적이고 고전적인 작품의 학습을 중시하고 당대의 일상적인 것은 중시하지 않았기에 그런 것들은 사상적인 심도는 있으나 목표문화의 현실과는 비교적 멀고 학생들의 현실적인 의사소통 수요를 그다지 고려하지 않았다. 이 점은 <부록 4>를 통해 볼 수 있듯이 중국 대학교의 외국어학과에서는 문학선독등 과목을 개설하여 '문화지식'의 학습을 강화해왔다. 문화교육의 목적은 문화 간의 의사소통이 잘 되어야 하는데 문학을 가르치는 게 이와 연관성이 거의 없다고 본다.

또한 <부록 4>에서 제시된 독립적 문화수업의 정보로 학습자가 실적으로 받을 수 있는 문화교육 정보로 판단하기가 어렵다. 우선, 선수 과목이 전체 과목의 비중을 크게 차지하고 있다. 그리고 각 대학의 교육과정에 따르면, 선수과목 중 학습자가 약 50%의 학점만 이수하면 되는 상황이므로 독립적 문화 과목이 문화교육에서 담당해야 할 역할을 다하기가 어렵다고 본다. 그렇다면 어학 과목에서 문화 통합교육을 할 필요가 있게 되는데 아무기초도 없는 성인 학습자에게 4년의 170-180의 학점을 통해 한국인과 유창하고 자유롭게 일상회화를 할 수 있는 목표를 완성하기 위해 교육자가 어학교육에 기울이고 문화교육에 소홀히 하는 경향이 많다. 목표 사회의 문화에 대한 이해 없이 의사소통 능력 습득이 어렵다는 문화교육의 중요성은 예전처럼 충분히 인식되지 못한다(한선, 2007).

어쨌든 교육과정 분석을 통해 한국 문화교육은 중국에서 아직 중요시하지 못하는 상태이고 어학교육을 중요시하고 문화교육을 소홀히 하는 것을 확인할 수 있다. 그리고 인재 양성의 목표도 다르고 다른 성향을 띠고 있는 대학교는 교육과정에서 교육목표와 교육과정의 차이가 뚜렷하게 보이지 않고 거의 다 문학을 중심으로 문화교육을 한다는 것도 큰 문제점이 된다.

한국어 문화교육은 언어교육과 문화교육의 화학적 결합으로 이루어진다. 언어교육과 문화교육은 상호 배타적인 것이 아니라 상생적이고 상승적인 관계에 있다(윤대석, 2014:425). 그러나 중국에서 한국어 교육은 아직 언어교육과 문화교육이 상생적이고 상승적인 관계가 아니라 서로 배타적이고 경쟁적인 존재라고 보는 학자가 더 많다. 물론 대학 졸업 총학점이 170-180 학점에 불과한 현실적인 문제점이 있다는 것은 현실이지만 어떻게 유한적인 시간에 효과적으로 교육하는 방법을 찾아야 한다.

(2) 한국문화 교육용 교재분석 및 문제점

앞에서 살폈듯이 중국 내 대학교 한국어전공에서 전체 학생을 대상으로 개설한 독립적 문화 관련 수업으로 '한국개황'이나 '한국문화' 등 과목이 있다.

시간 측면으로 볼 때 한국문화 교육용 교재가 한국어교육보다 한참 뒤떨어진다는 것을 입증된다. 1992년에 한·중 수교하면서 한국어교육이 정식으로 시작되었지만 한국문화용 교재는 2005년부터 출판하기 시작했고 대부분 교재는 2010년 후부터 출판된 것이다. 2010년 후부터 한국문화 교육용 교재가 활발하게 지어지는 상황이라고 말할 수 있다.

교재 수량의 측면에서 문화 관련 과목을 위해 개발된 교재가 매우 부족한 것으로 나타났다. <부록 5>를 보면 1992년부터 2020년까지 20년 가까이 한국개황이란 이름으로 편찬된 교재가 6권에 불과하다. 그중에서 한국인 조항록 교수가 짓고 중국으로 수입된 교재도 포함되어 있다. <부록 6>을 보면 2008년부터 2020년까지 『한국문화산책』이란 책을 비롯해서 15권 한국문화 교육용 교재가 출판되었다. 물론 15권 한국문화란 이름으로 한 교재는 그중에서 한국인 저자나 한국 연구기구가 지어진 것도 5권이나 포함되어 있다. 즉, 중국 본토 교재 개발 수량이 많지 않다는 것을 입증한다.

중국 국내에서 한국어 문화용 교재는 주로 한국어개론과 한국문화이란 제목으로 다루어지고 있다. 교재의 영향력을 감안해서 임종강의 『한국개황』은 선택하고 한국에서 수입된 교재로 『간단하고 재미있는 한국문화1』을 선택한 것이다. 그리고 중국 국내에서 한국문화교재에 있어서 최선 성과라고 볼 수 있다는 점을 감안해서 『한국어사회와 문화』를 선택한 것이다. 그러므로 본 연구에서 다루고자 할 대상 교재를 다음과 같이 선정하였다. <부록 7>과 같이 문화 수업용 교재 내용 분석을 했다.

교재 내용 측면에서 문화 지식 내용을 잘 전달할 뿐만 아니라 학습 목표, 학습 목표를 완성하는지 테스트와 활용활동도 체크할 수 있도록 해야 한다. 왜냐하면 문화는 단지 지식을 알아두는 것이 아니라 몸에 배어 활용할 수 있도록 실천하는 것이 더 중요하다.

먼저 단원 구성을 보면, 『한국개론』, 『한국사회와 문화』 두 교재가 수업 전의 도입단계 없이 바로 주제에 대한 설명으로 들어갔다. 본문이 끝난 후 중요한 어휘를 중국어와 대조하여 제시하였다. 연습단계에는 관련 주제에 대한 주관식 질문이 많이 포함되어 있다. 한 마디로 종합하자면 교재의 격식이 잘 갖추지 못하고 지식만을 소개하고 전달하는 책이라고 본다. 그러므로 이점을 볼 때 두 교재는 교재의 참고도서로 사용하면 별로 문제가 없겠지만 문화수업 용 교재로 사용하면 약간 보완할 데가 많다고 본다.『한국사회와 문화』는 가장 최근에 출판된 교재로 한국의 면적, 인구 등 정보가 2007년의 통계자료를 사용하고 있어 실용성이 있는 문화 교재를 개발하기 위하여 실질적이고 보다 빠른 속도의 업그레이드가 시급하다.

『간단하고 재미있는 한국문화1』은 수업하기 전에 도입 단계에서 학습자가 스스로 생각할 수 있게끔 질문을 제시한다. 본문 뒤에 나온 연습문제는 수업 내용에 대한 이해를 확인할 수 있는 질문이나 한·중 양국 문화를 비교하는 질문이 있다.

그리고 '주의하십시오' 단계에서는 학습자에게 한국의 관용어를 제시하면서 한국문화를 연결시켜 언어문화를 보여 준다. 그리고 '발표와 체험'단계에서는 학습자가 발표, 토론 그리고 문화체험 활동을 통해 실천의 능력과 말하기나 글쓰기의 표현능력을 늘리도록 한다. 이 교재는 형식과 문화내용에 있어서 보다 타당하기는 하지만 한국문화만 언급하고 중국문화와 연결시켜서 한·중 양국문화를 비교하면서 강의하는 게 더 의미 있다고 본다. 왜냐하면 문화교육은 목표언어국의 문화를 교육할 뿐만 아니라 학습자 본국의 문화를 어떻게 목표언어 국가에 전달할 수 있는지도 교육을 해야 한다. 문화교육은 일방적으로 한 것이 아니라 상방으로 해야 한다는 것이다. 이 점을 볼 때 수입된 어학용 교재와 독립적인 문화수업 교재에는 중국문화 요소를 언급하지 않다는 점은 하루라도 빨리 보완해야 한다.

또한 지금까지도 전문적인 문화교육 과목에서 문화 교재에 대한 의

뢰성이 강한데 적절한 교재가 없으므로 문화교육이 제대로 못하고 있다. 게다가 언어교육과목에서 진행하는 문화교육은 교사는 본문에 나타나는 문화배경 지식을 단편적으로 소개하는 것에만 그치고 있어 심도 있게 체계적으로 한 한국 문화교육을 기대하지 못한다. 따라서 현 단계에서 한국 문화교재에 문제점이 많으므로 다른 대안으로 한국의 트렌디드라마를 고려하게 된다.

(3) 문화교육 방식의 문제점

중국의 한국어 교육 현장에는 간혹 문화강좌가 있거나 문화체험이 있지만 아직 교과서와 PPT를 갖고 문화 지식을 알려주는 문화수업을 주요방식으로 해서 학습자의 흥미를 끌지 못하고 생생하며 재미있는 문화수업이 기대되기가 어렵다. 이런 전통적인 문화수업은 학습자의 요구를 만족하지 못한 것은 사실이다. 왜냐하면 지금은 인터넷의 시대 배경 하에 인터넷으로 수많은 지식들을 검색하고 찾을 수 있는 시대에 문화 지식만 가르쳐 준다면 학습자가 만족하지 못할 것이다. 생생하고 재미있는 문화체험의 기회를 제공해 줘야 문화교육의 목표를 효과 있게 완성할 수 있다. 따라서 이런 시대 배경에 문화수업의 방식이 바뀔 수밖에 된다.

문화 요소는 단편적인 지식보다는 담화 공동체의 관습을 해석할 수 있는 능력을 길러주는 데 중점을 두어야 한다. 하지만 중국의 한국 문화교육은 지식을 전달하는 차원에서 벗어나지 못하는 상태이다. 한국 문화에 대한 지식을 일방적으로 전달하는 것이 아니라 학습자들이 한국문화를 관찰하고 문제점을 발견하여 호기심을 유발해서 궁금증을 풀어 나가는 데 도움을 주도록 해야 한다.

어쨌든 중국 대학교에 있는 한국어학과 문화교육의 문제점은 아래와 같다. 첫째, 어학교육과 문화교육은 균형이 잡히지 못하므로 어학교육에만 열중하다 보니 문화교육에 소홀히 하는 것은 현실이다. 둘째, 문화교육의 내용은 문화 지식을 전달하는 것만 중심으로 한다. 특히 문학작품을 중심으로 한 것이다.

문화교육의 내용은 목표 국의 문화지식을 알려주는 거뿐만 아니라 자국문화와 목표국 문화의 비교를 통해서 문화의 차이성을 이해한다. 따라서 문화의 차이에 따른 문화 오해를 방지하며 목표국문화에 대한 올바른 태도를 길러야 하고 문화 간 의사소통을 잘 되기를 기대된다. 뿐만 아니라 자국문화에 대한 이해와 반성의 기회를 가져온다. 그것은 문화교육의 목표라고 생각하는데 현재의 문화교육은 아직 초기 단계에 머물고 있다고 본다. 셋째, 문화교육의 방식이 다양하지 못한다. 간혹 문화강좌가 있거나 문화체험이 있지만 교과서를 가지고 하는 전통적인 문화수업을 주요방식으로 한다. 하지만 이런 전통적인 문화수업은 생생하고 재미있으며 침입식의 문화체험의 기회를 제공하지 못해 인터넷이 고속으로 발전된 시대에서 자란 신세대들의 요구를 만족하지 못한다.

(4) 문화교육의 중요성

위의 문제들은 해결하지 않으면 의사소통 제대로 하기 어렵고 우수하고 경쟁력이 있는 한국어 인재가 되기 힘들다. 지금의 한국어학과의 졸업생들은 무역회담이나 담판에서 한국어로 간단한 문답은 할 수 있지만 조리 있게 일이나 상황에 맞는 표현을 서술하기도 어렵다는 주장이 있다. 즉 문화교육이 제대로 하지 못해 의사소통이 잘 안 된다는 뜻이다.

외국어교육에 있어서 중국에서는 오랫동안 문법과 어휘 암기를 중시하였고 강조했으며 한국 문화교육에 주의를 기울이지 않았다. 문화교육은 언어교육과 문화와 언어의 관계처럼 긴밀하고 불가분의 관계이므로 문화교육이 언어교육과 서로 분리해서는 안 된다. 언어가 사용되는 문화적 배경에 대한 이해가 없으면 올바른 의사소통이 이루어지기가 어렵다. 그러므로 언어교육에서 문화교육의 중요성이 강조될 수밖에 없다.

문화를 잘 이해하지 못하면 바람직하고 올바른 언어를 학습할 가능성이 적다. 언어를 잘 배우고, 의사소통 능력을 키우기 위해서는 문화교육이 반드시 필요하다. 미국에서 발표한 「21세기를 대비한 외국어 습득 기준」[4]에서 문화교육의 중요성도 찾을 수가 있다. 박갑수(2013, 59-60)에 의하면, C2는 Culture로서 외국의 문화에 대한 지식과 이해를 하고, 기준A 곧 외국의 행동문화(즉 언어 행위와 비언어적 행동)와 행동문화에 내재하는 관념적 문화(전통 사고방식, 태도, 믿음, 가치관)의 상관관계를 이해해야 하며, 기준 B 곧 유형・무형의 문화적 소산물(그림, 문학작품, 이야기, 무용, 교육 제도 등)과 그러한 결과물에 내재하는 관념적 문화와의 상관관계를 이해해야 한다.

목표 언어가 내재되어 있는 문화에 대한 이해는 언어 습득에 도움

---

4) Standards for Foreign Language Learning: Preparing for the 21th Century(1996). 초・중・고등학교의 외국어교육의 발전을 위하여 미국 정부에서 개발한 것이다. 교육과정의 목표를 5C로 규정하였다. 5C(Communication, Culture, Connection, Comparison, Communities).

이 될 수 있다. 뿐만 아니라 언어에 대한 흥미와 학생들의 호기심이 유발되어 외국어 학습에도 능동적인 태도를 보이게 하고 지속적이고 긍정적인 학습 태도를 기를 수 있다. 또한 학습자가 자국의 문화적 한계에서 벗어나 넓은 시야로 바라보는 안목을 기를 수 있다. 그리고 타문화를 존중할 수 있고 넓은 마음, 완전한 인격 양성에도 도움이 된다. 따라서 성공적인 문화교육은 학습자들에게 두 문화 간의 사회적 거리를 좁혀 주고 목표 문화에 대한 다양한 안내를 통하여 통찰력을 길러주고 문화 간의 유사성과 차이점 등을 알게 하여 문화 충격을 최소화해 주는 것이다(김귀석·이수경, 2003, 66).

외국어교육의 기본적인 목적은 언어교육뿐만 아니라 문화 간의 의사소통능력을 향상시키는 데 있다. 더 넓고 보편적인 의미에서 보면 외국어교육은 일종의 인문교육이며 학습자로 하여금 더욱 높은 자질과 완벽한 인격을 갖추게 하는 것이다.(박춘연, 2010)

외국어를 전공으로 하는 대학생들은 대부분 목적어 환경에서 생활하거나 언어 학습을 하는 것이 아니며, 외국어 학습의 목적은 취직하거나 학문 연구 등과 같은 자신의 문화 소양을 향상시키는 것이다. 목표 문화에 대한 이해는 학습자가 세상을 보는 인식을 더 넓게 개척하고 자국문화와 타문화의 비교를 통해 오해와 편견을 버리고 타문화를 존중하는 씨앗을 뿌리며 인격을 더 높게 향상시키는 데도 도움이 될 것이다. 그리하여 언어의 학습에 있어 더욱더 지속적이고 긍정적인 태도가 생긴다. 다시 말하면 문화 간의 의사소통 능력을 향상하기 위해 단지 언어교육만 하면 안 되고 언어에 내재되어 있는 문화도 교육해야 한다. 문화교육은 외국어를 전공으로 하는 대학생들에게 더욱더 중요한 것이다.

중국에서 한국 문화교육이 위와 같이 문제점이 많고 중요한데 현단계에 실시되고 있는 전통적인 문화교육의 방식에서 벗어나 중국 학습자가 선호하는 한국 드라마 목표를 두게 된다.

2. 드라마 활용 교육

(1) 드라마의 교육적 가치

문화는 매체를 통해서 형성되고 전달되는 것이다. 문화는 인류 역사 초기부터 현재까지 구비문화, 문자문화, 전파문화, 전자문화의 네 양식으로 전승되어 왔다. 말로 형성되고 전승되는 구비문화, 문자를 통한 기록물로 이루어진 문자문화, 텔레비전이나 라디오 등 대중 매체를 통해 이루어지는 전파문화, 인터넷을 통해 급속도로 확산된 전자문화 등이 있다(이성희, 2015).

전파문화는 텔레비전이나 라디오 등 대중매체를 통해 한정적이고 좁은 범위에서 넓은 전 세계로 퍼지는 것이다. 전파문화는 청각과 시각문화의 결합체이고 대표적인 장르는 드라마이다. 전파문화는 생산자가 되는 대중 스타와 이를 수용하는 수용자가 주로 일방적인 관계를 갖는다. 물론 한국의 드라마 같은 경우 드라마를 제작하면서 방송하는 것이라서 수용자인 관객들의 의견을 고려해 어느 정도 채용하겠지만 한계가 많다. 그리고 생산자와 소비자의 거리는 구비문화나 문자문화에 비해 훨씬 멀어 국경을 넘는 일이 다반사다. 예를 들어 드라마나 영화, 예능을 비롯한 한류는 전형적인 전파문화에 속한다. 전파문화는 공간적으로 멀리 떨어져 있어도 우리 생활 속에 깊이 들어와 있다.

그럼 다음으로 대표격이라 할 수 있는 드라마의 교육적인 가치를 정리해 보자. 대화는 인간의 가장 기본적인 특성 중의 하나이다. 사람들은 대화를 통해 의사소통을 하게 된다. 대화는 언어의 특성을 파악할 수 있을 뿐만 아니라 그 상황에 내재되어 있는 문화적 요소도 포함하고 있다. 따라서 대화를 잘 이해하기 위해 대화 상황에 대한 이해 및 파악은 제일 좋은 수단이다. 즉 사건을 엮어가는 언어에 대한 배경은 대화를 제대로 이해하는 방식이다. 따라서 드라마는 한국어 교육에서 언어와 그 배경이 되는 문화교육까지 최대의 효과를 기대할 수 있는 학습 자료라고 할 수 있다(박찬숙, 2008).

한국 문화교육에서 텔레비전 드라마가 가지는 효율성을 다음과 같이 네 가지로 종합할 수 있다. 첫째, 드라마는 당대 사회에서 소통되는 실제적인 언어상황을 제시한다. 둘째, 영상매체를 활용하여 언어적 요소뿐 아니라 비언어적 요소를 동시에 교육할 수 있다(이승주, 2012). 셋째, 드라마의 이야기는 문화적 보편성에 바탕을 두면서도 지역에 따라 차이를 드러내기 때문에 한국어 교육에서 자국 문화 한국문화를 비교하기 쉽게 한다. 넷째, 드라마는 학습자의 흥미와 적극적인 참여를 유도한다고 설명하고 있다. 즉 드라마가 가지는 이 네 가지의 효용성은 언어교육에서 목표 언어 사회에 존재하는 문화적 사실에 대한 이해와 학생의 목표문화에 대한 지적 호기심의 자극 및 목표문화에 대한 감정이입을 이끌어낼 수 있는 좋은 자료가 된다는 것을 입증하고 있다(최인자, 2004:271-272, 박찬숙, 2008).

한류의 영향으로 한국의 음악, 드라마, 예능 프로그램 등이 아시아에서 특히 중국, 동남아에서 아주 큰 인기를 끌고 있다. 이에 영상 매체는 한국어 학습자들에게 학습 동기 부여하는 가장 적합한 교육 자료라고 본다.

지금까지 영화와 예능을 비롯한 영상 매체를 활용하는 교육적 가치를 살펴보았다. 영상매체 교육의 장점은 현실적인 실제 언어를 제공하는 것과 직접적으로 타문화를 체험할 수 없는 학습자의 흥미 유발에 효과적이고 간접적인 문화 체험을 제공해 주는 것이다.

드라마는 영상매체의 대표로서 영상매체의 공통된 장점뿐만 아니라 드라마만 가지고 있는 독특한 교육 가치도 있는 법이다.

첫째, 의사소통을 능력을 신장시키는 데 도움이 된다. 의사소통은 언어적 의사소통과 비언어적 의사소통으로 나누어진다. 드라마는 영상 매체를 활용해 언어적 요소를 포함할 뿐만 아니라 비언어적 요소도 포함하고 있어 교재나 언어교육 수업에서 진행하지 못하는 한국인들의 비언어적 의사소통의 관습과 방법을 알 기회를 제공해 준다.

둘째, 강의실에서 교재를 통해서 배운 한국어의 어휘, 문법, 표현 등을 드라마의 대화 상황을 통해 확인하고 연습하는 기회를 제공해 준다.(반경희, 2017)

셋째, 한국어 교재에는 주로 표준어와 문어체 위주의 한국어를 다루어지는데 드라마를 활용한 수업을 통해서, 교재에서는 잘 다루어지지 않는 속어, 은어, 방언 그리고 현재 유행하고 있는 유행어 등 구어체를 알 기회를 제공받는다. 이런 구어체를 알면 젊은 사람들과 더욱더 재미있고 원만한 의사소통이 가능하게 된다.

넷째, 드라마 속에 등장하는 한국의 전통과 현대문화, 학교와 직장 생활, 친척과 동료 같은 인간관계 등에 배어있는 다양한 한국 문화적 배경을 체험하면서 현대 한국인의 생활의 모습을 이해하고 한국의 전통 문화도 알아볼 수 있다.

다섯째, 드라마의 소재는 다양하지만 주로 다양한 사회 계층의 삶과 생활을 간접적으로 자연스럽게 보여 주고 문화적 배경이 배어있는 이야기 구조여서 한국어 학습자들이 이해하는 데 어려움이 없다. 드라마에서 실제적인 언어를 보여 주므로 의사소통 능력을 배양하는데 효과적이다. 그리고 한국의 사회적인 측면을 반영하고 있기 때문에 한국 문화 교육에 있어서 효과적인 수업 자료가 될 수 있다.

여섯째, 인터넷 발달로 어디에서나 쉽게 접근할 수 있어서 실시간 학습이 가능할 뿐만 아니라 여러 번의 반복 학습도 자유로워 효과적이다.

지금까지 살펴본 바와 같이 드라마의 교육적 가치는 매우 크다. 무엇보다도 학습자들이 드라마를 텔레비전이나 인터넷, 휴대전화로 쉽게 접할 수 있어서 학습자들이 스스로 지속적인 학습이 가능하여 학습이 일회성으로 끝나는 것이 아니라 지속적인 학습이 가능하다는 것은 가장 큰 장점이다. 한국문화를 잘 이해하게 된다면 한국인과의 의사소통이 원활해지고 자기 나라의 문화에 대한 인식도 깊어지고 객관적으로 평가할 수 있다. 자국문화를 정확히 이해해야 그 문화에 속하는 자신에 대한 인식도 정확해지고 깊어질 수 있다.

(2) 트렌디드라마의 특징 및 선정 기준

드라마는 중국인 학습자에게는 매우 친숙한 영상 자료이다. 드라마를 한국 문화교육의 도구로서 정하려면 중국에서 한국 드라마의 수용 현황과 한국 드라마의 기본적인 특징을 알아야 한다. 이를 토대로 드라마의 선정기준을 정하고자 하고 트렌디드라마「사랑의 불시착」을 선택하는 이유를 밝히고자 한다.

1990년대까지만 해도 아시아의 각 나라들은 상이한 정치체제, 식민지의 역사 경험, 인종적 이질성, 종교 다양화 등으로 지역 내에 국가 간의 텔레비전의 교류가 거의 없었지만 1990년대 이후 동아시아 지역 내 프로그램의 유통이 급속히 증가됐다.

한·중 양국은 수교 후 1년인 1993년에 한국 드라마「질투」는 중국에서 방영되어 중국 수용자의 시야에 첫 번째로 들어왔다. 그리고 1997년에 중국국가방송인 CCTV 채널1에서 홈드라마「사랑이 뭐길래」를 방영하였는데 중국에서 첫 센세이션 효과를 일으켰다. 시청자에게 인기를 얻자 재방영된 후에 평균시청률 4.2%로 CCTV의 수입외화 방영사상 2위를 기록할 정도로 대표적인 한류 현상이라고 할 수 있다. 그때부터 중국 수용자들은 한국 드라마를 좋아하기 시작했다.

2002년에 선후로 CCTV는 158회인 홈드라마「보고 또 보고」와 83회인「목욕탕집 남자들」이 방영된 것을 엠블럼으로 하여 한국의 홈드라마는 중국 드라마 시장에서 커다란 성공을 거두었다. 이런 드라마의 내용은 가정 내부의 갈등 특히 고부 갈등 등을 중심으로 중국의 30대~50대 중국의 기성세대에게 각광을 받는 것으로 보인다. 2004년에 한국의 홈드라마「보고 또 보고」가 우수한 더빙 드라마로 뽑혀 업계의 주류에서 좋은 평가를 받았다.

2002년은 한국 드라마가 중국에서 특별한 의미를 가지고 있는 해다. 중국 내륙에서 방영된 해외 드라마 중에서 한국 드라마의 수량이 제일 많으며 총 67편이다. 단「겨울연가」는 트렌디드라마가 젊은 남녀의 사랑을 중심으로 한 것이니 수용자도 젊은 남녀들로 예측된다.

2002년에 중국 국가 방송국인 CCTV는 한국 홈드라마를 방영하여 30
~50대의 중국 기성세대의 각광을 받았고 지방 방송국에서는 한국 트
렌드 드라마를 방영하였는데 젊은이들에게 인기가 많았다. 여기서 중
국의 국가 방송은 주로 한국의 홈드라마를 방영하고 지방 방송국은
트렌디한 드라마를 중심으로 방영한다는 것을 파악할 수 있다.

2005년에 중국의 호남성(湖南省)의 방송국에서 한국 사극 「대장금」을
방영하자 남녀노소 모르는 사람이 없을 정도로 인기를 많이 끌어 그
때 당시에 화제가 되었다. 이후 한국 드라마가 중국에서 흥행하므로
중국 본국의 드라마의 성장에 해롭다는 것으로 판단되었기 때문에 한
국 드라마의 방영 시간과 방영 수량을 조절하기 시작하였다.

2010년 이후는 인터넷의 발달로 한국 드라마를 시청하는 방식이 많
이 바뀌었다. 그 전에는 방송국에서 방영하는 시간에 따라 시청하였지
만 2010년부터 인터넷을 통해 한국에서 방영되고 있는 드라마도 일주
일 뒤에 시청하기가 가능해지고 종영 드라마도 언제든지 시청할 수
있게 되었다. 대표적인 예는 바로 「별에서 온 그대」, 「태양의 후예」이
다. 이 들은 중국의 방송국을 통해 방영된 것이 아니라 YOUKU같은
웹 사이트를 통해 중국 시청자와 만난 것이다. 방송국에서 방영되지
않았지만 중국에서도 큰 인기를 얻었다.

방송 방식과 드라마의 장르로 인해 수용자가 대부분이 젊은 사람들
이다. 즉 중국 본토 드라마를 보호하기 위해 중국 방송국에서 한국 드
라마의 방영 수량을 줄였지만 반면에 인터넷으로 거의 동시에 한국
드라마가 방영되기 시작하였다. 한국 드라마의 수용자는 초기에 남녀
노소였다가 2010년 후부터는 주로 젊은 세대가 된다.

문화의 세계화 틀 속에서 문화 상품의 국제적 유통에 있어서 상대

적으로 높은 가치를 지닌 특별한 장르의 프로그램이 바로 드라마와 오락이다(양평, 2006). 드라마와 음악을 중심으로 한 한류는 문화 세계화의 일부분이다. 대학생은 신세대들로 새로운 방식을 통해 한국 드라마를 즐기고 있다.

아시아의 미디어 유통에서 가장 큰 비중을 차지하고 있는 장르는 드라마이다. 한국 프로그램 수출상황을 보면 충분히 증명할 수 있다. 한국 드라마는 KBS, MBC, SBS 세 공중파 방송사를 통해 제작되어 왔으며, 최근에는 CATV, tvN에서도 자체 제작하고 있다. 드라마는 각 방송사 별로 매년 20여 편 정도 제작하고 있고 장르별로는 다양하게 산출하기도 한다.

한국 드라마의 수는 헤아릴 수 없을 정도로 많으므로 그중에서 어떤 드라마를 문화교육의 도구로 선정해야 할지 쉬운 일이 아니다. 중국에서 유행하는 한국 드라마의 장르는 크게 홈드라마와 트렌디드라마 그리고 사극으로 3가지 나눌 수 있다. 이다. 드라마마다 장르별·주제별로 드러나는 특징들이 있는데 어떤 것으로 문화교육을 실시해야 하는지 파악하기 위해 드라마의 특징에 초점을 두어 수용자 특징을 분석하고 드라마의 선정 기준을 도출하고자 한다.

① 트렌디드라마의 텍스트적 특징

한국 트렌디드라마는 1회 1시간 내외의 에피소드가 16회에서 20회 정도의 분량으로 구성되어 있어 장기 방영되는 일일연속극이나 주말연속극에 비해 매우 짧은 길이다. 주제 면에서 복잡한 가족 관계와 다양한 세대의 이야기가 포진해 있는 기존의 전통 드라마 유형과 구별

되어 한국의 현대도시를 배경으로 젊은이들의 일과 사랑의 이야기를
다룬다. 트렌디드라마에서 가족 관계나 공동체는 매우 부차적인 요소
에 불과하다. 가족관계의 묘사는 더 이상 스토리의 주요한 일부가 되
지 못하거나 매우 비정상적인 모습으로 설정된다(손병우·양은경, 2003).
『태양의 후예』, 『여름향기』 등을 주목할 필요가 있다.

초기 트렌디드라마의 경우, 한국 트렌디드라마에는 현대적인 도시
의 일상생활과 잘 생긴 청춘남녀 주인공들의 사랑 이야기를 중심으로
전개되는 동시에 주인공들의 운명은 불치병이나 교통사고 등으로 인
한 우연성이 강한 운명이나 가족과 관련되어 선천적으로 따라오는 운
명을 서술하는 것이라고 평가할 수 있다(히라타 유키에, 2005). 그러나
2004년 후에 트렌디드라마의 내용이 다양성을 띄게 되고 낭만적이고
유쾌한 색채를 띤다. 예를 들면 『내 이름은 김삼순』, 『마이걸』 등이 있다.

최근에 한국 드라마의 시야가 넓어져 사회 정치, 경제, 문화 등 각
영역의 이슈에 관심을 갖게 된다(張國濤 외, 2014). 『On Air』, 『Before&
After 성형외과』, 『IRIS』 등 드라마들이 계속 제작되어 왔다. 한국 트
렌디드라마는 스토리가 풍부하고 다양하게 되었다. 예전의 청춘남녀
의 사랑이야기만 그려 불치병, 교통사고로 끝나는 슬픈 사랑이야기가
아니라 막장 드라마의 요소를 줄이고 사회 현실에 더욱더 관심을 갖
는다. 즉 리얼리즘의 특성을 띄고 있어 수용자는 한국의 현실 사회에
대한 이해가 깊어진다.

또한 등장인물들 간의 대화양이 극소화되는 대신 이미지와 음악이
결합된 뮤직비디오적 영상이 큰 비중을 차지한다는 점에서 이야기보
다는 시각적 볼거리를 지향하는 드라마라는 특성도 있다(황인성, 1999).
그런 점에서 말하는 속도가 보편적으로 느린 편이라서 학습자들이 관

람하기에 큰 지장이 없다. 트렌디드라마의 플롯 구성은 기존의 홈드라마에 비하면 단순해서 수용자의 입장에서 간혹 몇 개의 시퀀스를 놓쳤다고 해도 전체적인 이야기의 흐름을 이해하는데 별 어려움이 없다 (Koo, Kyung-MO, 2019). 그러므로 언어적인 어려움이 있어도 구조가 단순해서 전체적인 이야기 흐름을 파악하기가 어렵지 않다.

이 책은 트렌디드라마의 특성을 보았을 때 중국 대학교에 있는 한국어 학습자들에게 한국 문화교육의 도구로서는 좋은 영상 자료로 본다.

첫째는 트렌디드라마는 현대적인 도시의 일상생활과 청년남녀의 사랑이야기를 중심으로 전개되기 때문에 대학생으로서의 학습자의 연령과 비슷해 흥미를 유발할 수 있다. 둘째는 시각적 볼거리를 지향하는 뮤직 비디오적인 이미지를 가지고 있어서 대화량이 많지 않으면서도 말하기 속도가 빠르지 않으므로 중국의 학습자에게 아주 잘 어울리는 문화교육 자료이다. 셋째는 등장인물이 많지 않고 구조도 단순해서 전체적인 이야기 흐름 파악하기가 어려움이 없다. 넷째는 총 횟수는 20회 분량이라서 지루하지 않겠다. 다섯째, 트렌드드라마에서 젊은이가 사용하는 신조어, 줄임말 같은 언어문화는 중국 대학의 20대 학생에게는 알 필요가 있는데 교과서에서는 거의 배우지 못하는 것이다. 한마디로 특히 트렌드드라마의 특성은 20대의 한국어 학습자에게 문화교육을 하는 것은 안성맞춤이다.

② 드라마의 선정기준

한국 드라마는 매년 각 방송사 별로 20여 편 정도 제작하고 있어 해마다 총 100여 편이 된다. 그리고 장르별로도 다양하게 산출하고 있어 헤아릴 수 없을 정도로 많은 드라마 중에서 어떤 드라마를 문화교육의 도구로 선정해야 할지 쉬운 일이 아니다. 실제 수업을 진행하는 방법적인 측면에서 볼 때 50분이라는 제한된 수업 시간에 교사가 수업 목표를 달성하기 위해 어떤 드라마를 골라서 수업을 진행해야 할 것인지 선정 기준이 있어야 한다. 영상 매체 교육 연구자들의 선행 연구를 살펴보고 드라마로 문화교육의 선정기준을 도출하고자 한다. 그리고 드라마 「사랑의 불시착」을 선택하는 이유도 밝히고자 한다.

맥거번(McGovern, 1983)이 제시한 비디오 자료의 구비 요건들을 참조할 필요가 있다.

첫째, 비디오 장면들은 학습 동기를 충분히 줄 수 있도록 적절한 자극을 주는 것이어야 한다. 둘째, 등장인물, 배경, 학습주제 등은 현실적이며, 신뢰성이 있어야 한다. 셋째, 비디오의 길이는 학습자가 충분히 주의를 집중할 만한 길이의 내용을 위하여 30분 내로 정해야 하며, 더욱 깊이 있게 다루기 위해 단위 내용을 3~4분으로 나눌 수 있는 것이면 더욱 좋다. 넷째, 학습 내용이 이해하기 쉽고 간단해야 한다. 다섯째, 학습에 투입하면서 언어 학습에서 볼 때 흥미 있고 유익한 내용이 있어야 한다. 여섯째, 등장인물이 학습활동을 유도하는 내용을 가진 자료가 좋다. 일곱째, 학습자의 언어 능력을 늘기 위하여 토론할 만한 내용을 제공하는 것이어야 한다. 여덟째, 모든 신호를 사용하여 학습자가 어떤 행동이나 몸짓, 태도 등을 이해하고 표현하는 능력을 기를 수 있는 내용이어야 한다. 아홉째, 기계적 장치에 문제가 발생시키지 않는 자료여야 한다.

영화를 문화교육의 도구로서 선정할 때 특히 다음과 같은 점을 유의해야 한다(이정희, 1999, 226-228).

첫째, 방언이나 비속어가 많이 나오는 영화는 피해야 한다. 둘째, 발화속도가 지나치게 빠른 것은 좋지 않다. 셋째, 영화의 내용이 학습자의 수준에 맞아야 한다. 넷째, 발화 상황이 한정된 영화는 학습자의 학습 욕구를 자극하지 못한다. 다섯째, 현대를 배경으로 하는 영화여야 한다. 여섯째, 만화영화는 피하는 것이 좋다. 일곱째, 폭력적이거나 선정적인 내용의 영화는 적절하지 않다. 여덟째, 민족 감정을 자극할 수 있는 영화는 피하는 것이 좋다.

영상매체 교육 연구자들은 대부분 이 기준을 따르고 있지만, 현재의 드라마와 맞지 않는 부분이 있어 이 책에서는 기존 연구들이 제시한 드라마의 선정 기준 이외에 몇 가지를 더 추가하여 제시해 보고자 한다.

첫째, 현대를 배경으로 하는 내용이어야 한다. 한류로 인기 있는 드라마는 현대 배경의 드라마도 많지만, 한국의 역사가 포함된 역사 드라마도 많다. 그러므로 현대를 배경으로 한다는 기준은 수정될 필요가 있다. 한국에서 인기 드라마로 정한다(반경희, 2017). 하지만 한국 국내에서 인기가 많지만 중국에서도 인기가 반드시 있는 것이 아니다.[5] 그러므로 한국 국내에서는 물론 교육현장에서도 시청률이 높고 인기를 끄는 한류 드라마를 선정하는 것이 적합하다고 본다.

둘째, 외국 학습자를 대상으로 수업하는 것이므로 발화 속도가 빠른 것도 피해야 한다.

셋째, 보통 방언이나 비속어가 많이 나오는 드라마를 피해야 한다. 그렇지만 한반도의 언어적인 상황을 학생들에게 소개하고 싶은 경우에는 달라질 수 있다.

---

5) 드라마 「넝쿨째 굴어온 당신」같은 경우, 한국에서 인기 많았지만 중국에서 인기가 없었다.

넷째, 학습자의 수준에 맞아야 한다. 다만 학습자의 연령, 선호, 관심사 등도 충분히 고려해야 한다.

드라마 선정기준을 정하는 것은 중요하지만 실제 한국어 교육 현장에서 교사가 학습 목표와 학습자의 상황에 맞게 조정하는 능력이 필요하다. 교육자로서 교사의 측면에서 볼 때, 교사에게도 요구가 필요하다.

첫째, 교사는 학습 목표와 학습 내용에 적합한 드라마를 선정하는 안목이 필요하다.

둘째, 교사는 학습자의 능력과 한국어 수준을 잘 알아야 한다.

셋째, 매체활용에 익숙해야 한다. 드라마나 영화를 편집하거나 재구성하는 능력을 가져야 한다.

넷째, 한국문화를 상당히 알고 드라마 중에 어느 부분이 한국의 현실이고 어느 부분이 현실이 아니란 것을 파악할 수 있는 능력을 요구한다.

③ 드라마 교육 시 유의점

첫째, 교사가 영상 매체로 수업할 때 교수·학습 과정안을 잘 짜야 하고 과정안대로 진행할 수 있도록 노력해야 한다. 자칫하면 드라마 감상 수업이 된다는 것을 주의해야 한다.

둘째, 드라마는 실제 생활에서 비롯되어서 현실과 유사하지만 현실과 완전히 일치한다고 착각하면 안 된다. 따라서 수업하기 전에 드라마의 이런 특성을 학생들에게도 공지해야 한다.

중국에는 문학작품이 생활에서 비롯되지만 현실보다 더 높은 시야를 가지고 있다는 속담이 있다. 그 뜻은 실제 사람들이 살아가면서 겪

었던 일들이 작가의 가공을 통해 문학작품이 된다는 것이다. 예를 들어, 현실에서 여러 사람들의 이야기가 작품에서 주인공 한 명의 이야기로 나타나는 경우가 많다. 드라마는 문학작품이 영상으로 나타나는 형식 중의 하나이므로 교사가 드라마로 교육할 때 상당히 조심해야 한다.

드라마는 현실과 유사해 한국 문화교육의 가치가 있는가 하면 드라마가 현실이 아니란 것을 학습자에게 분명히 알려줘 현실로 착각하고 오해하지 않도록 해야 한다. 한국에 가서 직접 한국문화를 체험할 수 없는 학습자에게 드라마가 현실인 것처럼 문화교육의 환경을 간접적으로 제공해 아주 바람직하지만 교사나 학습자가 드라마 속에 나타난 것은 완전히 현실이라고 오해하지 않도록 유의해야 한다.

셋째, 역사적으로 중국문화가 한국 전통문화에 크게 영향을 미쳤다고 생각한 나머지 중국 문화가 한국문화보다 우월하다고 여기는 우를 범해서는 안 된다는 점을 조심해야 한다.

제3장

「사랑의 불시착」에 대한 행동문화 요소 분석

「사랑의 불시착」에 대한 행동문화 요소 분석

    tvN은 2019년 12월 14일부터 한국에서 「사랑의 불시착」을 상영했다. 이 드라마는 4주 연속 드라마 부문 1위의 시청률을 유지하면서 전주 대비 화제성 35.51% 상승하며 자체 최고 점수를 경신했다. 「사랑의 불시착」은 2위를 기록한 SBS 『스토브리그』와의 격차를 크게 벌리며 드라마 부문 30.74%의 점유율을 기록했으며, 출연자 화제성 부문에서 9주 연속 손예진과 현빈이 각 1위와 2위를 차지했다.[1] 이 드라마는 2020년 2월 16일에 종영되었다. 「사랑의 불시착」은 마지막회에서는 21.7%로 자체 최고 시청률을 갱신하며 tvN 드라마에서도 20.5%였던 「도깨비」를 넘어선 새로운 기록을 달성했다.[2] 그만큼은 드라마 「사랑의 불시착」은 화제성과 주목할 만한 문화 요소가 많은 작품이라고 할 수 있다.

    중국의 웹 사이트 한극망(韓劇网)[3]에서 드라마 「사랑의 불시착」이 방영되기 시작하면서부터 2020년 11월말까지 시청률 1위를 차지하였다. 그리고 보니 이 드라마는 한국 국내에서 인기가 많았을 뿐만 아니라

---

1) 서울경제, 2020.02.12.
2) 한국경제, 2020.02.17.
3) https://www.juji.tv/

중국에서도 인기가 많았다.

　이 책에서 드라마 「사랑의 불시착」을 연구대상으로 선택한 이유는 다음과 같다.

　첫째, 「사랑의 불시착」에는 다양한 문화 요소들이 포함되어 있으며, 특히 한국의 전통문화와 현대문화의 대비, 민간신앙과 기독교 생활의 대비, 언어적인 차이 대비 등등에서 문화대비를 많이 만날 수 있다. 또한 견우직녀 설화와 홍부전 등의 고전문학과도 공통점이 많다. 이 드라마를 통해 한국어 학습자는 전통문화와 현대문화를 자연스럽게 학습할 수도 있고, 항상 수업에서 빠지는 북한의 상황도 알 수 있으므로 문화 간 의사소통 능력을 신장시키는 데 도움이 되고 아주 재미있고 보람 있는 수업이 될 수 있다.

　둘째, 중국에서도 각광을 많이 받는 트렌디드라마로 재미있는 수업 재료가 될 수 있다. 이 드라마는 인기 스타 현빈과 손예진이 주역을 맡은 국민 드라마로서 한국 국내뿐만 아니라 중국에서도 인기가 많으므로 트렌디드라마로서 중국 대학교 학습자의 흥미와 호기심을 충분히 자극할 수 있다.

　셋째, 트렌디드라마로서의 드라마 「사랑의 불시착」은 학습자에게 안성맞춤이다. 발화 속도, 내용, 단어 수준 등이 학습자에게 잘 어울린다.

　넷째, 드라마 「사랑의 불시착」에는 남북분단에 빠진 한민족의 상통 문제 등을 다루기 때문에 한 민족의 정서, 가치관 등 문화를 깊이 엿볼 수 있다.

　다섯째, 조선반도의 언어생활에 대해 학생들의 이해가 더 전반적일 수 있다. 드라마의 등장인물들 중에 한국인들이 표준어를 사용하고 있어서 표준어를 배울 수 있고 북한 사람들은 북한 방언을 사용하는 경우가 있어서 방언을 알아보는 기회를 준다. 방언에 대해 학습자가 말할 수 있는 것을 요구하지 않지만 알아들 수 있으면 한다.

여섯째, 중국 문화와 한국문화, 그리고 북한 문화와의 공통점과 차이점을 비교하면서 문화 충돌을 줄이고 문화 간 의사소통 능력을 증진시킬 수 있다. 드라마를 통해 어휘·문법·듣기·말하기·쓰기 교육 등을 통합하여 교육할 수 있다.

본 장에서 실제 중국인에게 한국 문화교육을 할 때 교사들이 참조할 수 있는 자료를 제공하도록 예시를 많이 달고 행동문화를 중심으로 문화요소를 분석하자고 한다.

1. 드라마의 내용 구성

이 장에서는 드라마의 내용 구성을 분석하고, 트렌디드라마 「사랑의 불시착」의 내용 구성을 소개한 후 드라마에 나타난 행동문화 요소를 중심으로 분석한다. 이는 후속 한국문화교육의 과정안을 구안하기 위해서이다.

트렌디드라마 「사랑의 불시착」에 나타난 문화 요소를 살펴보기 전에 먼저 드라마의 내용 구성을 알아보고자 한다.

「사랑의 불시착」은 2019년 12월 14일~2020년 2월 16일까지 tvN에서 편성한 토일 드라마로서 다양한 한국문화 요소가 포함되어 있으므로 한국문화 교육을 실시할 때 매우 유용한 자료이다.

드라마 「사랑의 불시착」에서 대한민국의 여권은 매우 유능한 존재다. 한국 여권만 있으면 무비자로 187개국에 갈 수 있다. 그러나 어디나 통하는 이 여권으로도 절대 갈 수 없는 나라가 가장 가까이에 있다. 언어와 외모도 같고 뿌리도 같지만 서로 만날 수 없고 만나선 안되는 나라는 바로 가장 가까이 있으며, 한국 사람들도 궁금해 하는 바로 북한이다. 한국 사람과 같으면서 다른 그 속의 소소한 일상과 무엇보다 그곳에 사는 사람들이 어떻게 살고 있는지 더욱더 궁금증을 자아낸다.

드라마 「사랑의 불시착」에는 네 명의 주요 인물이 등장한다. 북한 총정치국장 아들로 현재 민경대 5중대의 대위인 리정혁, 대한민국 재벌가 2남 1녀 중 막내딸이자 스스로 패션뷰티 사업으로 승승장구하고 있는 윤세리, 그리고 평양 최고급 백화점 여사장의 외동딸로 누구보다 귀하게 자란 리정혁의 약혼녀 서단, 세리와 한때 결혼까지 할 뻔했고 영국 국적의 사업가인 구승준이다.

① 리정혁

• **현빈 분**(북한 총정치국장 아들이자 현재 민경대 5중대의 대위)

리정혁은 불의와는 절대 타협하지 않는 원리원칙주의자다. 성격이 강직하지만 사실 예술학교 졸업 후 스위스에서 유학까지 할 정도로 재능 있는 피아니스트였다. 그러나 형인 무혁이 의문의 사고로 죽자 형을 대신해 군인이 되어야 했다. 군인으로 살아가던 어느 날, 하늘에서 윤세리가 떨어졌다. 그의 세상으로 불시착한 세리를 만나면서 인생이 전부 바뀌기 시작한다.

리정혁과 사택마을의 사람들을 통해 북한의 의식주, 생활모습, 말투 등의 문화를 엿볼 수 있다. 북한과 남한의 유사점과 차이점을 뚜렷이 볼 수 있으며 체험도 할 수 있다.

② 윤세리

● **손예진 분**(대한민국 굴지의 재벌가 2남 1녀 중 막내딸)

윤세리는 오빠들이 후계자가 되기 위해 서로를 깔아뭉개는 멍청한 전투를 벌이고 있을 때 일찌감치 독립해 자기의 브랜드를 가진 '세리스초이스' 회사를 만들었다. '세리스초이스'가 성공해서 경영능력까지 아버지에게서 인정받으며 승승장구했다. 신제품 테스트를 위해 패러글라이딩하려다가 예상치 못한 돌풍에 휘말리게 된다. 정신을 차리고 보니 북한 땅이었다. 처음 당하는 추락으로 남한을 넘어 북한에 도착할 줄은 몰랐다. 북한 군인 리정혁을 만나고 북한에서 어쩔 수 없이 살기 시작한다. 리정혁은 부대의 몇몇 군인들과 함께 세리를 안전히 남한으로 보내기 위해 안간힘을 쓰고 목숨까지 건다. 두 사람은 정치 체제가 다른 나라에 속하지만 남북 차이를 극복하면서 아름다운 사랑을 만들어 간다.

윤세리라는 인물을 통해 한국 일반 국민이 즐기는 찜질방, 치맥같은 일상생활과 부유한 사람들의 현대적인 생활양식 등을 보여준다. 게다가 윤세리의 특별한 신분으로 재벌가 사람들이 권력욕과 금전욕을 추구하느라고 수단방법을 가리지 않는 사특한 모습도 볼 수 있다. 그리고 교재에서 배우지 못한 요즘에 한국에서 유행하는 신조어나 은어도 학습할 수 있다.

③ 서단

• 서지혜 분(리정혁의 약혼녀)

서단은 평양 최고급 백화점 사장을 어머니로 둔 외동딸로 누구보다 귀하게 자랐다. 첼로 전공으로 러시아에서 유학생활을 한 뒤 10년 만에 북한으로 돌아왔다. 리정혁을 좋아하고 있으며, 자신이 당연히 리정혁과 결혼할 거라고 생각한다.

서단이란 인물을 통해 북한 특권계급의 생활을 엿볼 수 있을 것이다.

④ 구승준

• 김정현 분(영국 국적의 사업가)

구승준은 세리와 결혼까지 할 뻔했던 사이다. 하지만 둘째 오빠인 세형과 사업 중 거액의 공금을 횡령해 수배당했다. 수사망을 피하기 위해 도망가다 대한민국 경찰이 절대 따라오지 못할 곳 북한까지 가게 된다. 북한에 머무는 동안 평양에서 우연히 세리를 만나게 된다. 세리가 남으로 무사히 갈 수 있도록 도와준다. 서단과 만나면서 사랑에 빠져 버리고, 서단을 구하기 위해 죽게 된다.

북한에 가게 된 남한의 재벌 상속녀, 그리고 그녀를 보호하다가 사랑에 빠지게 되는 북한 군인 리정혁이란 인물을 통해 한국과 북한 사람들의 일상생활과 언어문화의 유사점 및 차이점을 점검할 수 있다.

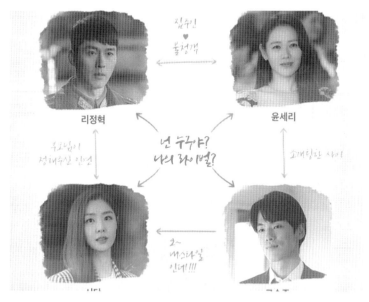

<그림 3> 인물 관계도[4]

• 「사랑의 불시착」 줄거리

　여자 주인공 윤세리는 세리스초이스라는 패션 사업가이자 대한민국에서 큰 기업의 막내딸이지만 가족하고 사이가 좋지 않다. 윤세리는 등산복을 입고 패러글라이딩을 하며 신제품 성능을 테스트하다가 거센 바람에 휩쓸려 북한으로 넘어가게 된다. 거기에서 처음 만난 사람이 리정혁인데, 리정혁은 북한에서 군인이자 북한 총정치국장의 아들이다. 리정혁에게는 부모님 배려로 맺어진 약혼녀가 있지만 세리와 사

4) https://search.naver.com/search.naver?where=image&sm=tab_niv&query=%EC%82% A
C%EB%9E%91%EC%9D%98%20%EB%B6%88%EC%8B%9C%EC%B0%A9%20%
EC%9D%B8%EB%AC%BC%EA%B4%80%EA%B3%84&nso=so%3Ar%2Ca%3Aall%2
Cp%3Aall#imgId=image_sas%3Ablog64736885%7C16%7C221796693487_201299875
0&vType=rollout

랑에 빠지고 만다.

하지만 윤세리의 둘째오빠가 북한에 있는 구승준을 통해 실종된 윤세리가 북에 있다는 것을 알게 된다. 리정혁이 여러 방법으로 알아보고 윤세리를 남한으로 보내 준다. 리정혁은 자기 가족과 윤세리를 위해 남한으로 넘어가고 남에서 지내다가 국정원에 걸리게 되고 북으로 송환된다.

그러나 윤세리와 리정혁은 스위스에서 일 년에 한 번 여는 피아노 연주 행사에서 만나게 된다. 리정혁의 약혼녀 서단은 구승준을 좋아하게 된다. 구승준이 서단을 구하기 위해 죽게 된다.

2. 행동문화 요소 분석

트렌디드라마 「사랑의 불시착」에는 다양한 한국문화 요소가 포함되어 있지만 이 책에서는 대본을 바탕으로 이에 나타난 행동문화 요소를 살펴보고자 한다. 행동문화는 일상생활의 총체로 한 사회 속에서 한 민족이 행동하는 양식이므로 생활문화와 언어문화를 포함했다. 중·고급의 학습자에게는 행동문화를 간접적으로 체험하는 기회를 제공하고 남북한 문화 유사점과 차이점도 비교할 수 있다는 점은 한국문화교육에 아주 좋은 자료라고 한다.

먼저 행동문화에는 우리가 일상생활에서 필요한 문화가 포함되어 있다. 의식주 생활, 통과의례, 계절 활동, 경제 활동, 교통, 의사소통방식, 회사 생활, 공공기관 이용, 공동체 생활, 통신, 여가생활 등이 포함된다. 이 중에서 드라마 「사랑의 불시착」에 나타나 있는 일상생활 문화요소는 다음과 같다.

(1) 생활문화

① 의생활

<그림 4> 드라마 속의 북한 군인 제복[5]

S# 36 군사 분단선 제 38도선 비무장지대 1회

리정혁: 소속 성명?

세리: 소속은 패션 회사인데. 어디라고 말씀드려도 잘 모르실 것 같고, 이름도 초면에 가르치기가 좀 ... 그리고 참 힘든 결정을 하셨네요. 대한민국에 참 잘 오셨어요.

리정혁: 대한민국?

세리: 뭐래더라? 귀국? 귀순? 귀순용사 인거죠? 아니신가? 그, 무장군 ... 아니 간첩??어떤 특수임무 수행을 위해서 엄청난 지령을 받고 급하게 긴급 투입된 북한 엘리트? 아무튼 뭐든지 말씀하세요~ 저 신고같은 거 절대로 안 할게요. 저는 남의 일에 조금도 관심이 없거든요. 저 일로 너무 바빠서 그럼 이만...

---

5) /image.baidu.com/search/detail?ct=503316480&z=0&ipn=d&word

　　S# 36은 강풍에 휩쓸려 날아가던 윤세리가 정신을 차리고 눈을 뜨자 북한 군복을 입고 있는 리정혁을 보게 되고, 이에 놀라서 말하는 장면이다. 이 장면에서 군복에 대해 얘기를 하지 않지만 귀순용사라는 단어를 리정혁에게 붙이는 것은 군복 때문이다. 그러므로 이해하기 위해서는 북한의 군복을 알아야 하므로 학습이 필요한 부분이다. '군복'은 국적, 신분이나 관직을 나타내는 사회적 의의를 밝힐 수 있는 독특한 의복이다. 따라서 세리가 리정혁이 입고 있는 군복을 보고 자신이 북한 군인과 마주쳤다는 것을 알게 된다.

<그림 5> 드라마 속의 한복6)

　　위 장면은 사택마을의 여인이 전통의상인 한복을 입고 정성스레 무당집으로 가서 점을 보는 것이다. 한복은 예부터 전해 내려오는 한민

---

6) 제11회 화면 캡처.

족 고유의 의복으로서 북한이나 남한은 뿌리가 같은 한 민족이라 전통적인 옷은 똑같은 한복이다. 한복은 직선과 약간의 곡선이 조화를 이루어 아름다우며, 특히 여자 옷은 짧은 저고리와 넉넉한 치마가 어울려 옷차림이 단정하고 아담하다. 이 옷은 예복과 평상복으로 나뉘어 있으며 남녀별, 성인과 어린이용, 계절별로 나뉜다.[7]

한복은 장점이 많다. 우선 입고 벗기에 편하다. 몸을 넉넉하게 감싸주는 풍성함이 체형의 결점을 가려준다. 치마, 저고리, 바지 모두가 납작하게 접혀 보관하기에 좋고 공간도 많이 차지하지 않는다. 키 작은 반닫이로 충분하다. 그렇다면 한복의 단점은 착용 절차가 복잡하고 실용적이지 못하다고 한다. 그래서 평상복 아닌 예복의 개념이 되고 있다. 그러므로 현대 사회에는 중요한 장소에서나 예의를 갖춰야 할 때 한복을 입는다.

S# 28 한복 5회
서단 씨의 삼촌: 누나, 그냥 예의만 갖추면 안 되갔소?
서단 씨의 어머니: 예의~? 아 알갔소. (하얀색인 한복을 갈아입고 ...)
서단 씨의 삼촌: 머리를 좀 묶으라~ 소복 귀신인 줄 알고 기절할 수도 있갔소

의복은 생활문화이면서 문화사의 일부이다. 한민족의 아름다움에 대한 이해와 생활의 지혜 등을 알 수가 있다. 따라서 한 민족의 의생활을 이해하는 것은 그 민족과 역사를 이해하는 데에 도움이 되어 학습자가 알아야 할 아주 중요한 문화요소이다.

드라마 「사랑의 불시착」 S# 28을 통해 남·북한의 일상생활 중 의

---

7) https://terms.naver.com/entry.naver?docId=1161288&cid=40942&categoryId=32079

생활의 차이점과 유사점을 비교할 수 있으며, 남·북한 역사도 발견할 수 있다. 한국에서는 평소에 한복을 입는 사람이 아주 적지만 결혼, 돌잔치 등 중요한 행사에서 예의를 갖춰야 할 때 보통 한복을 입는 것이다. 이는 한국어학과의 학생에게 아주 중요한 학습 내용이다.

② 식생활

가. 술문화

> S# 1 약주 1회
> 표치수: 이 술이 최소 1953년 휴전 이전에 담가진 술이라는 거만 똑똑히 알고들 마시라오. 60년 묵은 뱀술 한잔이면은 허약 걸리는 사람도 펄펄 일어난다는 말이야. 이게 말이야, 이게 술이 아니야, 약이야 약.
> 군사 1: 기럼, 저 약 한 잔만 하갔습니다.
> 군사 2: 근데 근무 중에 이렇게 술을 마셔도 됩니까?
> 표치수: 야, 두 달을 주야근을 근무 서지 않았네, 이제 해가 뜨면 교방인데 별일이 있겠어?

S# 1은 오중대 군인들이 교방 직전에 6.25 전쟁 때문에 망한 마을 사람이 담근 뱀술을 즐기는 장면이다. 표치수는 60년이나 된 뱀술이 술이 아니라 약이란다. 아무리 약한 사람이라도 이 술을 먹으면 벌떡 일어날 수 있다는 것이다.

> S# 18 알밤주 3회
> 영애: 전초선 근무 마치고 돌아온 지 얼마나 되지 않았으니 뭐 먹을 게 있갔소? 내가 이 동네의 어른으로서 진작에 들여다봐야 했었는데 늦었구만 기래~
> 리정혁: 일없습니다.
> 영애: 사양 말고 받아라요. 이거 내가 직접 담근 알밤주야.
> 옥금: 이거는 감자빈대떡이야요.
> 반장: 찐 옥수수도 있습니다. 아주 뜨끈뜨끈합니다.

S# 18은 대좌의 마누라인 영애를 비롯한 사택 마을의 여자 몇 명이 전초에서 근무를 마치고 돌아온 리정혁 중대장에게 음식물을 건네는 장면이다. 동네의 어른으로서 영애는 직접 담근 알밤주를 주는 것이다.

위의 두 장면은 북한 사람들의 식습관을 말하고 있다. 술에 뱀이나 밤 같은 약재 등을 넣으면 술이 더 이상 술이 아니라 귀한 약이 된다는 것이다. 약한 사람이라도 약주를 먹으면 힘이 생기고 건강해진다는 생각을 가지고 있다. 뿐만 아니라 귀한 사람에게도 약주를 대접한다. 이것은 소중하고 귀하다는 뜻을 나타낸다.

사실은 북한의 사람뿐만 아니라 한국인도 약주를 아주 선호한다. 한국의 전통시장에는 약주나 약재를 파는 수많은 가게가 있다. 이것은 한민족이 술에 밤이나 뱀 같은 약재를 넣어 술을 담그는 풍습이 있기 때문이다. 약주는 술이 아니라 약이란 생각을 가지고 있다.

음주문화는 식문화 중에서 아주 중요한 부분이다. 한민족이 선호하는 음주문화를 파악함으로써 한국어 학습자는 한국 문화를 더 잘 이해할 수 있어서 한국 사람들과 교류할 때 오해가 생기지 않도록 할 수 있다.

S# 25 숙취 (풀린다) 4회
리정혁: 핸드 드립커피를 내밀면서 ...
세리: 와 ~ 완전 맛있어. 숙취에는 역시 핫 드립커피~ 속 풀려~
리정혁: 속은 콩나물 국을 끓였으니 그걸로 풀려~
세리: 뭐야 ~ 진짜 맛있어. 대박

S# 25는 전날 밤에 세리가 오중대 부대원과 집마당에서 조개구이를 먹으면서 술을 마셨고, 그 다음날 아침에 리정혁이 세리를 위해 핸드

드립커피를 만들어 주고 콩나물국도 끓여주는 장면이다. 드라마 속에서 세리가 핸드 드립커피가 숙취는 잘 풀린다고 말하고 리정혁은 숙취는 콩나물로 풀린다고 말한다.

이 장면을 이용해서 확장 교육을 하면 첫째, 바쁘게 살아가는 한국의 현대 도시인들이 서양문화의 영향을 많이 받으므로 커피에 대한 집착이 아주 크다는 것을 알 수 있다. 옛날에 한국인이 중국처럼 차를 많이 선호했으나 현대 사회에 들어 서양 문물의 영향을 많이 받아 젊은 사람들이 차보다 커피를 더 선호한다. 이것은 식생활의 중요한 변화라고 할 수 있다. 그리고 커피를 잘 마시는 사람에게는 엘리트나 유식한 사람의 이미지를 부여해 주기도 한다. 목마를 때도 커피를 마시고 숙취를 풀 때도 커피를 마시는 사람도 있다.

둘째, 사람마다 숙취를 푸는 방법이 다르겠지만 한민족은 전통적으로 콩나물이나 등뼈로 만든 해장국으로 숙취를 푸는 습관이 있다. 이를 활용해서 확장교육을 실시할 수 있다고 본다.

음주생활은 인류의 아주 기본적인 식생활 중의 하나이다. 따라서 음주문화를 잘 알아야 한국인들의 식생활을 엿볼 수가 있고, 한국인과 교류가 더욱더 원활해지고 서로 더욱더 잘 이해할 수 있게 된다고 본다.

S# 23 술을 먹는 금기 4회
은동: 나도 한 잔~
세리: 너는 애기잖아. 17살이 무슨 술이야?
표치수: 군대도 왔는데 술은 왜 못 먹었는데? 자~
세리: 안 돼~ 안 돼 ~ 미성년자 안 돼 그래.

S# 23은 리정혁의 집 마당에서 오중대 군인들과 세리가 함께 조개 불구이와 술을 먹는 것이다. 은동은 겨우 17살인데 소주를 한 잔 먹고 싶다고 하자 세리가 미성년자라서 막아주고 있다. 이 장면을 통해 음주의 원칙을 밝혀준다. 즉 미성년자는 술을 마셔서는 안 된다는 것이다. 아주 교훈적인 의미를 가지고 있다. 한국 드라마 속에서 도덕, 인정같은 것을 가르칠 수 있으므로 아주 바람직하다. 드라마는 그냥 어떤 주제를 가지고 한 스토리를 중심으로 서술하는 것이 아니라 도덕적이고 원칙적인 것도 알려주는 교훈적인 의미를 가지고 있다. 현대적이고 도시적인 사람답게 행동하도록 가르치는 교육적 가치를 가지고 있다.

S# 38 주도 7회

서단: 여기 소주 달라요~

구승준: 다들 날을 잡고 싶어 가지고 밥 먹고 차 마시고 영화 보고 고백하고 싸우고 밤새 잠 못 자고 헤어졌다. 또 달려가고 생쇼를 하는 건데 날을 잡아 버렸잖아? 할 게 없잖아? 두근거리질 않잖아? 이거 정략결혼의 폐해라니까?

서단: 뭐 이렇게 잘 알아?

(서단 씨가 소주병을 따고 자신에게 술을 따르려다가 구승준 씨가 술병을 받아가지고 서단 씨에게 술을 따르는 장면)

S# 38은 서단과 구승준이 우연히 리정혁의 집 앞에서 만나 둘이 국수를 먹으러 갔다가 식사 중에 구승준이 정략결혼의 폐해라는 걸 얘기하다가 서단이 기가 막혀서 소주를 주문하고 구승준이 서단에게 술을 따르는 것이다. 이 장면을 이용해서 음주문화 중에 주도에 대해 학습하기가 아주 좋다.

과거에는 주도가 철저해서 술을 까다롭게 마셨다. 요즘에는 그런 복잡한 주도는 많이 사라졌지만 몇 가지 지켜야 하는 규칙은 있다. 첫째, 일단 술은 서로 따라주어야지 본인이 따라 마시지 않는다. 따라서 상대방의 잔이 비어 있는지 잘 살펴야 한다. 둘째, 첨잔하지 않는다. 일단 술을 다 마시면 새로 술을 따라주어야 한다. 마지막으로 웃어른과 함께 술을 마실 때는 몸을 돌린 뒤 술잔을 비우는 것이 예의이며 술을 따를 때나 받을 때 모두 두 손으로 따르고 받아야 한다.

나. 반주문화

> **S# 6 호프집에서 치맥 2회**
> 박수찬: 우리 홍팀장님~ 벌써 시작하셨어~(<u>치킨과 맥주를 다 시켰다</u>) 미안 미안 ~ 월말이라 일이 많아.
> 홍팀장: 아니야 ~ 편하게 볼 일 있으면 볼 일 다 보고 와도 되는데~
> 박수찬: 무슨 소리야~ 내가 볼 일 중에서 가장 중요한 볼일이 너지. 니가 무려 누굴 소개줬냐? 너의 대표님이잖아? ㅎㅎㅎ
> (<u>홍팀장이 맥주잔을 들고 마신다</u>)
> 박수찬: 그 계약 성사한 다음에 회사에서 나 아무도 못 건드려. 그 개부장 있잖아? 그 인간도 내 눈치를 본다니까? 내가 요새는 대놓고 개부장한테 막 게기잖아? 그래도 아무말 못해~(생략)
> 박수찬(<u>치킨을 먹으면서</u>): 어제 잘릴까 오늘 잘릴까 걱정하는 그 박수찬이 아니라니까.

S# 6은 보험사 직원인 박수찬 씨가 친구 사이인 세리스초이스 홍팀장과 호프집에서 치킨과 맥주를 먹으면서 직장생활에 대해 말하는 것이다. 한국인의 치킨에 대한 애정은 많은 드라마에서 엿볼 수 있다. 드라마 「별에서 온 그대」에서 여자 주인공이 치킨과 맥주를 함께 먹는 소위 '치맥'이라는 유행어가 퍼지기 시작했다. 치킨에 맥주는 안성맞

춤이어서 요즘은 치맥이 대한민국을 대표할 수 있는 음식이라고 해도 과언이 아닐 정도로 길거리에서 치킨집을 흔히 볼 수 있다. 브랜드도 많은데 드라마 중에서는 BBQ가 많이 알려져 있다.

더운 날에 시원한 맥주를 한 잔 하고 나서 손등으로 입을 닦는 것은 아주 즐거운 일이다. 특히 맥주를 마시면서 치킨도 먹고 친구들이랑 수다도 떨다 보면 바쁘고 지친 하루가 소리 없이 지나간다. 이것이 한국인들의 여가생활이다.

한국어 학습자는 한국인이 선호하는 식생활과 관련된 문화를 익하고 잘 이해해야 한국 문화를 더 노련하게 이해하고 한국인들과 잘 교류할 수 있게 된다.

S# 31 탈맥 5회
세리: 무슨 일들이신지?
옥금: 아까 다 봤습니다.
세리: 뭘요?
옥금: 얼마나 상심이 큽니까?
세리: 아닌데요.
(생략)
영애: 자~ 여기서 이렇게 아니라~ 들어가서 얘기하자구. 이럴 때는 탈맥을 해야 해~
다들: 기렇죠. 들어가자우~
세리: 아니 저기~ 탈맥이 뭐예요? 치맥도 아이고~
만복의 아내: 아니~ 탈맥을 모릅니까? 탈피명태랑 맥주죠. 찰떡궁합. 한번 맛보면 꿈에도 나옵니다.

S# 31은 사택마을의 여인들이 오만하고 싹싹한 서단의 신분을 알고 나서 세리, 리정혁, 서단의 삼각관계를 눈치 채고 세리를 동정하기도 하고 걱정하기도 하는 것이다. 따라서 세리의 심정을 이해하고 기분을

풀어 주기 위해 사택마을의 여인들이 탈피명태랑 맥주를 들고 리정혁의 집 앞에 모인다. 이 장면을 활용해서 북한 사람들은 탈맥을 좋아한다는 것을 짐작할 수 있다. 치맥과 탈맥을 비교하면서 식생활 습관을 학습자가 감지할 수 있도록 한다.

다. 김치

<그림 6> 드라마 속의 김치[8]

앞의 장면은 구승준이 서단과 같이 국수를 먹을 때 식탁에 배추김치가 놓여 있는 것이다. 두 번째 장면은 리정혁이 세리를 위해 국수를 끓여서 깍두기와 함께 밥상에 놓은 것이다. 이런 장면들을 한민족이 공통적으로 보존하고 있는 식생활 중의 하나로 바로 김치를 먹는 습관을 떠올릴 수 있다. '김치가 없으면 못 산다'는 말이 있듯이 김치는 한민족에게 아주 중요한 음식이자 독특한 식습관이기도 한다.

김치는 마치 한식의 대표 선수라는 느낌을 받을 정도로 한민족의 음식을 대표하는 아이콘처럼 되었다. 김치 종류는 여러 가지가 있는데 그 중에서 배추김치는 한국문화를 대표하는 상징이 되었다. 김장철에 외국인이나 유학생을 위해 김치를 만드는 문화체험 축제가 해마다 꼭꼭 열린다. 이런 활동은 문화교육에도 광범위하게 사용되고 있다.

---

8) 제7회 화면 캡처.

S# 10 김치움 2회
세리: 왜 저기서 고기가 나와? (리정혁은 항아리에서 고기를 꺼내고)
김주먹: 아~ 소금항아리 안에서는 웬만해서는 음식이 상하지 않습니다.
세리: 그럼 다른 반찬들도?
김주먹: 아, 그거는 이쪽으로 (김치움을 열면서)
세리: 이게 뭐야?
김주먹: 김치움 모름까?
세리: 나, 모르지~
김주먹: 이 김치움입다. 이 안에 김치랑 된장이 다 있습니다. 그럼 음식이 상하지도 않고
       와~ 맛있게 익습니다.
(생략)...
세리: 그니까 집집마다 다 이런 거 있습니까? 김치냉장고를 대신에?
리정혁: 대화금지

S# 10은 리정혁이 소금독에서 고기를 꺼내는 것을 세리가 너무 신기해 하니 김주먹이 반찬들을 보관하는 김치움까지 보여주는 것이다. 이 장면을 통해 북한 사람들의 생활 모습이 뚜렷이 보일 뿐만 아니라 한민족의 공통적이고 대표적인 음식은 김치와 된장이라는 것도 말하고 있다.

된장은 콩으로 메주를 띄워 장을 담그고 간장을 떠낸 후에 남은 건더기로 만드는 것인데 한국인의 식생활에서 매우 중요한 발효 식품이다.

한민족은 숙성되고 발효된 식품을 아주 선호한다. 한민족 음식을 대표할 수 있는 아이콘은 바로 김치와 된장이다. 한민족이 발효 식품을 특히 선호하는 것이다. 예를 들어, 한국 음식점에서 숙성된 고기가 인기가 더 많다. 그리고 매실즙 등 발효 식품이 한국에서 건강식품, 웰빙 식품의 별명일 정도로 유행해 왔다.

라. 커피와 양식

S# 11 막대커피 2회

대좌동지: 자~ 자네도 여기 와서 맛 뵈기 커피 한 잔 하라~

이거 그 아래 동네에서 올라온 거야. (한국의 즉석 커피를 들면서)

리정혁: 저는 일 없습니다.

대좌동지: 왜? 남조선에서 구호물자라서 기래? 나도 처음에는 찜찜하는데 말이야. 먹다

보니까 달달 씁쓸한 거이 아주 맛이 좋아. 단 거 안 좋아하는 구만 기래~

S# 19 커피콩 4회

리정혁: 커피콩 있소?

장사꾼2: 커피콩이요? 막대커피는 있습니다. 저 아래동네 코리아.

리정혁: 커피콩을 구했으문 하는데...

S# 11은 리정혁이 도굴꾼 사고로 대좌에게 가서 보고 드리는 것이다. 대좌는 대한민국이 아랫동네라는 은어를 쓰면서 한국의 즉석커피가 맛있다고 칭찬한다. 드라마 속에서 즉석커피는 대한민국의 구호물자로 북한에 보내어진다는 것은 북한에 어려움이 있으면 남한은 인도주의 차원에서뿐만 아니라 한 겨레로서 적극적으로 도와준다는 이미지를 확립하는 것이다. 실제로 양국이 말다툼하면서도 교류가 끊기지 않고 북한이 어려울 때마다 도와준다는 것은 사실이다.

S# 19는 리정혁이 장마당에서 장사꾼에게 커피콩을 구할 수 있는지 물어보는 것이다. 외국물을 먹었던 리정혁이 세리를 위해서 핸드 커피를 만들겠다고 커피콩을 찾는 것이다. 커피는 한반도에서 생산되지 않아 사람들이 즐겨 먹지 않았다. 드라마 속에서 지금은 한국인뿐만 아니라 북한 사람도 커피를 즐겨먹게 되었다는 설정은 세계화로 인해 세상이 하나의 지구촌으로 변해가고 있음을 나타낸다.

S# 29 양식으로 손님을 대접하기 5회

서단 씨의 어머니: 왔어?

리정혁: 오래만에 뵙는데 늦은 시간에 미안합니다.

서단 씨의 어머니: 아니야 아니야~ 늦기는 하나도 안 늦었어. 결혼은 늦었지. 어서와~
　　　　　　　　　밥 먹어야지~

리정혁: 아닙니다.

서단 씨의 어머니: 차렸어, 벌써 차렸다구. 우리 보통 이 시간에 밥을 먹으니~ 부담 갖지
　　　　　　　　　말구 들어오라.

서단 씨의 삼촌: 나는 아까 먹었는데...

(스테이크를 음식상에 차리고 와인을 따르면서)

서단 씨의 어머님: 평소 먹던 대로 차렸어~ 편하게 먹으라~ 편하게~

서단 씨의 어머님: 들어~

S# 29는 리정혁이 서단을 사택마을에서 평양 집까지 데려다 주고 돌아서 나오려던 참인데 서단의 삼촌이 강요해서 서단 어머니를 만나는 장면이다. 몇 년 만에 만나는 예비 사위 리정혁을 위해 서단 어머니는 정성을 드려 한밤중에 양식을 차리고 와인까지 준비한다. 서단 어머니는 리정혁과 서단의 혼사에 대해 불만스럽다. 서단 어머니는 스테이크를 음식상에 차리고 와인을 따르면서 평소 먹던 대로 차렸다고 말한다.

이 장면을 이용해서 확장 교육을 하면, 북한의 부유층은 커피, 양식 등 자본주의적이고 현대적인 문화를 접하고 있고 은근히 그것을 향유할 수 있다는 것을 자기 신분의 상징이고 자랑할 만하다고 생각하고 있음을 파악할 수 있다.

마. 면류

<그림 7> 드라마 속의 국수 만들기9)

위 장면은 리정혁이 사택마을의 집 앞에서 세리를 구조한 다음에 이틀 동안 아무것도 못 먹은 세리에게 손국수를 만들어 주는 것이다. 이 장면에는 아무 설명도 없으나 북한의 손국수를 자기 스스로 직접 만들 수 있을 정도로 전 과정을 똑똑히 보여준다. 먼저 반죽하고 기계로 뽑아낸 후 물에 넣고 끓여준다. 다음에 된장을 써서 국물을 만들고 계란 프라이를 썰어 얹고, 국물에 여러 가지 야채를 넣는다.

이 장면을 활용해서 북한의 손국수 만드는 법을 배울 수 있고, 이와 대조하여서 한국의 손국수 만든 법도 학습할 수 있다. 중국의 한국어 학습자에게는 문화체험으로 드라마에 따라 직접 손국수 만들기 활동을 시도할 수도 있다. 중국의 손국수 만드는 법과 비교하면서 중국과 남북한 간의 음식문화를 익히도록 하면 아주 좋은 문화체험 수업이

---

9) 제1회 화면 캡처.

될 수 있을 것이다.

S# 26 평양냉면 4회

구승준: 알았어요, 알았어요. 개가 짖네~ 진짜~

　　　　아 내가 잡은 꿩고기가 들어간 냉면 준비해 줘요. 그거 들어가야 진짜 평양냉
　　　　면이래요. 맛있겠다.

　　S# 26은 구승준이 평양에서 꿩을 사냥해 온 꿩고기를 넣고 평양냉면을 만들어 줄 것을 요구하는 것이다. 한국에서도 평양냉면이 아주 유명해서 여기저기 평양냉면 간판을 걸고 장사하는 음식점이 많다. 진짜 평양냉면은 꿩고기를 넣어야 제 맛이 난다고 한다.

S# 51 라면의 사회의미 11회

구승준: 배 안 고파요? 난 고픈데. 라면 먹고 갈래요?

　　　　나 태어나서 여자랑 단 둘이 같이 라면 먹는 거 처음이에요.

서단: 의미 부여하지 마시라요.

구승준: 내가 의미 부여하는 거 아니구 이 라면이란 음식이 사회적으로 부여하는 의미가
　　　　있다구.

서단: 무슨 의미 말입니까?

구승준: "라면 먹고 갈래요?" 이게 남한에서 아무한테나 막 쓰는 말이 아니거든. 아니 ~
　　　　나는 괜찮은데. 앞으로 또 어떤 남자가 이런 말을 하면 분명하게 말을 해야 돼
　　　　요. "아니요."라고 딱 잘라서.

서단: 왜 아니오, 해야 합니까? 난 좋은데.

구승준: 뭐가? 뭐가 좋은데요? 라면이? 그 어떤 남자가? 아니면 내가?

　　S# 51은 구승준과 서단이 서단의 신혼집에서 라면을 먹는 모습이다. 그리고 구승준은 라면은 한국에서 특별한 의미가 있다고 서단에게 알

려준다. '라면을 먹고 갈래요?'라는 물음은 단순히 음식을 먹자는 뜻이 아니고 일반적으로 남자가 자기 마음에 드는 여자에게 작업을 건다는 뜻이다. 즉 라면은 음식뿐만 아니라 독특한 사회적 의미를 가지고 있다.

그리고 구승준이 위급한 상황에서도 라면을 들고 도망가는 걸 보면 한국인이 정말 라면을 많이 좋아한다는 걸 알 수 있다. 한국의 드라마에서도 라면이 많이 등장한다. 라면이 나오지 않는 드라마가 없을 정도로 한국인이 라면을 너무너무 좋아한다고 말할 수 있다. 라면의 특성은 끓이기 쉽고 맛있다는 데 있다. 현대 한국 사회는 너무 바쁘게 그리고 빠르게 돌아간다. 그러므로 라면은 바쁜 현대인의 요구에 따라 생겨난 것임을 알 수 있다.

평양냉면, 북한의 손국수, 한국의 라면 등을 비롯한 면류는 한민족이 아주 선호하는 음식이다. 식생활과 관련된 이러한 문화요소를 파악하는 일은 중국의 한국어 학습자에게 아주 중요한 의미를 가지고 있다. 한국은 북한과 같은 민족이지만 분단된 지 50년이나 되었으므로 한국문화와 북한문화는 유사점이 있는가 하면 차이점도 적지 않을 것이다. 따라서 중국 대학교의 한국어 학습자에게는 남북한 문화의 차이점을 파악하고 이해하는 데 아주 중요한 학습이라고 생각된다.

바. 간식

S# 12 삶은 감자 2회
(세리는 삶은 감자 껍질을 까면서)
김주먹: 그래서 대길은 죽습니까? 삽까? 내가 <추노>를 14회까지 그것밖에 못 봤습니다. 대길이 어떻게 됩니까?
세리(세리는 삶은 감자 껍질을 까면서): 대길이는 죽어~

S# 12는 세리가 한국 드라마의 열열한 팬인 김주먹과 대화하는 내용이다. 세리는 삶은 감자의 껍질을 까서 아주 맛있게 먹고 있다. 김주먹이 보고 있는 드라마는 한국에서는 이미 10년 전에 유행했던 것이기 때문에 김주먹이 세리에게 그 드라마의 결말을 물어보는 것이다.

S# 20 누룽지 4회

세리: 근데 그 쉐프의 소원이 내가 접시 다 비우는 거였어. 그 뭘 줘도 딱 세 입이니까. 그래서 제 별명은 짧은 입 공주었든. 그랬던 내가 왠 설탕을 뿌린 누룽지가 이렇게 맛있는 거니?

금은동: 원래 누룽지에 설탕을 뿌리면 맛있습니다.

세리: 이거 왜 5개째 먹고 있냐구?

S# 20은 세리가 오중대 부대원과 모여 대화하는 것이다. 세리는 자기가 원래 입이 짧은데 설탕을 뿌린 누룽지를 이렇게 아주 맛있게 먹고 있다는 것을 자기자신조차 이해할 수 없다.

위의 두 장면은 북한은 상업화가 잘 이루어져 있지 않아 한국처럼 어디서든지 쉽게 간식을 사 먹을 수 없기 때문에 간식으로 삶은 감자, 찐 옥수수, 누룽지 같은 것들을 먹는 모습이다. 이런 간식들은 빨리 현대화된 한국인들에게 아주 친숙하고 매우 향수적인 것이다.

사. 구이

S# 22 조개불구이+ 술 4회

금은동: 이리 오시라오. 중대장동지가 장마당에서 조개를 사왔습니다.

(조개에 술을 뿌려서 불을 태웠다)

세리: 놀랬잖아? 캠프파이어같애.

김주먹: 이거이 조개불구이입니다.

금은동: 조개가 많이 뜨겁습니다. 장갑을 끼시라요.

> 표치수: 우리는 이거를 후후후 ~ 이렇게 먹고 소주는 ~ (조개살을 먹고 난 뒤에 껍질에
>   다가 소주를 따른다) 이렇게 마시지~.
> 세리: 조개구이는 난 부야베스 아니면은 잘 먹지 않는데? 다 익은 거 맞니?
> 김주먹: 예~
> 세리: 응~
> (김주먹 소주를 따르고)
> 세리: 곤란하네~ 난 정말 해산물엔 쇼비뇽 블랑 밖에 먹지를 않거든. 주먹이, 여기 설탕
>   을 탔니?
> 주먹: 아니요.
> 세리: 단데.

　　S# 22는 리정혁 중대장의 집 마당에서 오중대 부대원 5명이 모여서 조개불구이를 하는 모습이다. 조개에 술을 뿌리고 불에 익혀 조갯살을 먹고 난 뒤에 조개껍질에다가 소주를 따라 마시는 모습은 세리가 생전 처음 본다. 세리는 소주를 이렇게 마시니 아주 달다며 놀라워한다. 입이 짧은 공주가 훈훈한 인정에 젖어서 조개도 잘 먹고 소주도 맛있게 마시게 된다.

> **S# 54 불고기 12회**
> (불고기 쟁판 위에 쇠고기와 여러 가지 버섯이 올려놓는 장면)
> 세리: 다들 많이 먹어~ 야~ 표치수~ 맛있나?
> 표치수: 너, 나 지금은 맛있어서 먹는 거 보이느냐?
> 세리: 그럼?
> 표치수: 너 애미나이가 우리 중대장동지의 식량창고를 축내듯이 나는 너의 식량창고를
>   거들내려는 것이다.

　　S# 54는 목숨을 걸고 한국으로 넘어온 오중대 부대원을 쇠고기로 대접하는 것이다. 세리가 북에서 온 사람들이 너무 반갑고 고마워서 한국인이 제일 좋아하는 쇠고기로 접대하는 것이다. 한국에서는 멀리

서 온 귀한 손님을 접대할 때 불고기를 빼 놓을 수 없다. 불고기는 쇠고기에 당면, 버섯 등을 버무려 불판 위에서 구워낸다. 쇠고기를 먹으면 힘이 생긴다는 생각에서 나온 것으로 이해된다.

S# 5 식사 예절 2회

세리: 여기서는 어떻게 하는지 모르겠네~ 아니~ 우리 남쪽에서는 그렇거든요. 보통 남의 집에서 이렇게 음식 대접을 받으면 게스트가 호스트에게 먼저 한 입을 권하곤 해요. 이렇게 아~ 그~ 주인이 먼저 한 입 해라는 뭐 일종 식사예절이라 할까? 그렇게 생각하시면 이해가 쉬울 듯 하네요.

리정혁: 음식이 위험할까 봐 이러는 거요? 뭐라도 들었을까 봐~

세리: 기분 나빴으면 미안해요. 그런데 내가 왜 이러는 지는 이해를 좀 해줘요.

아. 식사예절

S# 5는 이틀 동안 굶은 세리에게 리정혁이 직접 만든 손국수를 먹여 주는 것이다. 세리에게는 이틀 만에 먹는 첫 식사이므로 음식에 뭐라도 들어갔을까 봐 걱정되어서 한국의 식사 예절로 핑계를 대고 리정혁한테 먼저 한 입 먹으라고 한다.

이 내용을 활용해 확장교육한다면 한국 사람들이 보여주는 솔직한 식사예절을 잘 익힐 수 있을 것이다. 한국의 식사예절은 일반적으로 연장자가 먼저 드시기 시작하면 뒤 따라 어린 사람이 먹는다. 연장자가 식사를 마치시면 보통 어린 사람도 더 먹지 않는 게 예의다. 그리고 식사할 때 소리를 크게 내서는 안 된다.

③ 주생활

이 드라마에는 주거문화와 관련된 대화나 장면이 자주 나온다. 북한 사람의 집, 전기 등과 같은 주생활과 현대화된 한국의 주생활도 보여 줘서 두 군데를 비교하면 기억하기가 쉽고 한국과 북한의 주거문화에 대해서 학습하기가 좋다.

가: 아파트 / 단독 주택

> S# 47 아파트 (지문 등록) 11회
> 수위아저씨: 지문 등록하신다고 하셨죠?
> 세리: 네~
> (세리가 지문 등록한다)

S# 47은 세리의 둘째 오빠 부부가 세리의 허락없이 자기 아파트 비밀번호를 눌러 막 들어왔기 때문에 세리가 집의 비밀번호도 바꾸고 지문 인식으로 바꾸려 한다. 최근에 한국은 아파트에서 살고 있는 사람들이 키를 들고 다니기가 불편해서 지문인식기를 많이 사용하기 때문에 현대적이고 도시적인 이미지가 강하게 나타난다.

<그림 8> 드라마 속의 단독주택[10)

> **S# 9 주생활 - 2회**
> 사택마을의 전모를 보여주는 것이다. 다 단층집에 마당이 달려 있다.

S# 9는 북한의 보통 사람들의 주택 환경을 보여준다. 주로 집집마다 마당이 달려 있는 단층집이다. 마당이 있어서 사람들이 모이기가 쉽고 농사일을 같이 하거나 수다를 떨기에 안성맞춤이다. 단독주택은 높은 빌딩에서 살고 있는 한국인들에게 아주 아담하고 훈훈한 인정이 담겨져 있는 향수적인 존재다. 특히 재벌 2세로서 부유하지만 훈훈한 가족의 사랑을 느끼지 못하는 세리에게는 아주 잊지 못할 곳이다.

나. 별장

<그림 9> 드라마 속의 리정혁의 집

위 장면에서 리정혁은 부모님이 계시는 평양의 집에 가서 총정치국장인 아버지에게 세리를 외국으로 보내는 방법을 알아본다. 아버지가 북한의 상류층 총정치국장이라서 수위가 지키는 큰 별장에서 산다.

---

10) 제2회 화면 캡처.

다. 호텔

<그림 10> 드라마 속의 평양호텔[11]

위 장면은 리정혁이 세리의 여권 사진을 찍으려고 세리를 평양호텔로 데리고 가는 모습이다. 평양에 높이 우뚝 서 있는 호텔을 보면서 북한이 아직 경제적으로는 남한보다 못하지만 그런 대로 현대적인 건물도 있다는 것을 느끼게 된다.

④ 통신생활

> S# 3 통신 잘 안 되는 곳 1회
> 구승준: 이제 어딜 가야 하나?
> 오과장: 그렇지요? 자금력과 인력만 있다면 세계 어디 숨어도 쫓아올 수가 있죠? 딱 한 군데만 빼고... 인터넷도 안 되고 인터폴 안 되고 휴대폰 로밍 안 되는 뭐... 그런 곳.

---

11) 제6회 화면 캡처.

S# 3은 구승준이 세리의 둘째 오빠인 윤세형의 돈을 털어 가지고 중국의 심양으로 도망친 모습이다. 윤세형이 찾을 수 없는 곳으로 숨고 싶은 상황에서 사람을 자주 북한으로 데려가 장사하는 오과장을 만나 그의 제의를 듣게 된다.

북한의 통신망이 아직 발달되어 있지 않아서 인터넷도 안 되고 휴대폰도 잘 못 쓰는 상태다. 북한에서는 사실상 휴대폰을 보통 사람이 가질 수 있는 것이 아니라 특권계층이나 특별한 종사자만 사용할 수 있는 것이다.

S# 13 핸드폰 3회
홍팀장: 그래, 어딘가 떨어졌다 치자, 그런데 왜 연락이 안 오냐? 대한민국에 핸드폰이
　　　　안 되는 데 어디가 있냐구?
박수찬: 무인도인 거지.

S# 13에서 세리가 실종된 후 비서인 홍팀장이 자기의 친구이자 보험사 직원인 박수찬과 대화하면서 대한민국은 통신시설이 잘 되어 있어서 핸드폰이 안 터질 리 없다고 주장한다. 한국은 인터넷과 핸드폰을 비롯한 통신망이 빠르고 편리한 것이 사실이다.

S# 45 인터넷 속도 세계1위 10회
리정혁: 나 춥지 않소 (세리가 자기의 목도리가 리정혁에게 둘러싸준다.)
세리: 리정혁 씨 추울까 봐 이렇게 해 주는 게 아니야. 여기가 진짜 무시무시한 데라구,
　　　사방팔방에 CCTV 블랙박스에 휴대폰에. 거기에다가 인터넷 속도는 압도적으로
　　　세계 1위, 얼굴 어디에 가서 한번 찍히잖아? 전국에 싹 퍼지면 30분이 된다구.
　　　얼굴 딱 가려야 돼.

한국의 경우 요즘은 S# 45에서 볼 수 있듯이 통신기술의 발달로 사회에서 발생한 사건들을 다양한 방법으로 접할 수 있을 뿐만 아니라 정보 공유도 신속히 이루어진다. 온라인 상에서 타인과 소통하거나 관계를 맺을 수 있는 서비스도 잘 이루어지고 있다. 대표적으로는 모바일 메신저(한국에서는 카카오톡, 라인, 스카이라이프 등, 중국에서는 QQ, WeChat 등)나 마이크로 블로그(페이스북, 인스타그램 등)를 예로 들 수 있다. 그러나 북한은 아직 여러 가지 이유로 핸드폰이 보급되지 않은 상태이며, 통신망의 구축과 통신문화 등이 아직 발달되지 못한 것으로 보인다.

⑤ 여가생활

여가생활이란 직장 생활과 공부의 스트레스에서 벗어난 자유로운 시간에 누리는 활동이다. 현대 한국인들의 여가 활동에는 스포츠 활동, 예술 활동, 오락 활동, 지적 활동, 사회 활동, 신체 활동, 자신의 직업 능력을 향상하기 위한 활동, 봉사 활동 등으로 다양하게 분류할 수 있다.

가. 찜질방

S# 50 찜질방 (불가마 사우나) 11회
은동: 난 천당이 있다면 바로 여기가 아닐까 싶습니다. 우리 어머니도 여기 한번 모시고
      왔으면 소원이 없겠습니다.
무먹: 드라마에서 볼 땐 지가 좋아봤자 얼마나 좋겠나 그랬는데 진짜 좋습니다~ ㅎㅎㅎ
만복: 우리는 여기 1인당 만 2천원 거금을 들여 입장했소. 아깝지 않도록 온기를 잔뜩
      받아가야 내일 칼바람 속에서도 임무를 수행할 수 있소..

(광범이 음식물을 잔뜩 갖고 들어온다)

> 만복: 돈은 다 내게 있는 데...
> 광범: 저도 영문을 모르겠는데... 주인 아주머니가 현금 필요없다면서 이걸 (계란, 김밥,
>   식혜, 라면 등이 있다...) 다 그냥 주더란 말입니다.
> 표치수: 진짜 돈도 안 줬는디 이런 걸 그냥 막 줘?
> 광범: 예~ 이것 한 번(손목에 차 있는 번호판)만 갖다 대달라더라구요...
> 표치수: 먹자~

S# 50은 오중대 부대원이 한국에 처음으로 갔을 때 머물 수 있는
곳이 없어 어쩔 수 없이 찜질방에 가서 잠을 잔다는 것이다. 오중대
부대원이 한국의 찜질방에 대해 잘 몰라서 오해로 인한 웃음거리들이
있다. 은동의 말에 의하면 북한에는 찜질방이 없다는 것을 알 수 있다.
은동과 김주먹의 찜질방에 대한 평가는 아주 좋다. 그리고 찜질방에서
음식물을 사 먹을 수도 있고 잠도 잘 수 있다는 한국의 독특한 찜질방
문화를 파악할 수 있다.

나. 커피숍

> S# 44 커피숍 10회
> (남으로 넘어온 리정혁이 길거리에서 윤세리를 만나 둘이 커피숍으로 이동해서 얘기를
> 나누는 장면)
> 세리: 아니 ~ 어떻게 된 거예요? 어떻게 리정혁 씨가 여기 있어?~ 혹시 나 때문에 탈북
>   한 거예요?
> 리정혁: 아니오.
> 세리: 그럼 간첩으로 ~
> 리정혁: 아니오.
> 세리: 그럼 아예 온 거예요?
> 리정혁: 그럴 리가 잠깐 온 거요.
> 세리: 아니 ~ 강북에서 강남 넘어오는 것도 아니고~ 거기서 여기가 이렇게 잠깐 왔다갔
>   다하고 그럴 수 있는 데가 아니잖아? 그리고 이렇게 막 쉽게 넘어 오구 그러면
>   난 그동안 왜 그렇게 오래 있었던 건데?

> (생략)
> 리정혁: 대답을 좀 할까 하는데 ... 질문을 좀 멈춰 주오.
> 세리: 응 ~ (커피 큰 입 마시고..)

S# 44는 리정혁이 한국에서 세리와 다시 만나는 첫 순간을 보여준다. 두 사람이 다시 길거리에서 만나 커피숍으로 이동하는데, 세리는 여기서 리정혁이 한국에 온 목적이 무엇인지 물어본다. 이 장면을 통해 요즘 한국인의 여가생활을 엿볼 수 있다. 전통적으로 집이 친구를 초대하고 수다를 떠는 장소였으나 현대 사회에 들어와서 집으로 누구를 초대하는 일은 아주 드물다. 왜냐하면 스트레스가 많고 바쁜 데 손님을 초대해서 대접하기가 번거롭고 힘들기 때문이다. 요즘은 보통 사람들이 얘기를 나누려면 커피숍으로 향하는 것이 당연한 일이다.

뿐만 아니라 학생들이나 직장인들이 일하거나 시험준비를 할 때도 커피숍을 많이 이용하고 있다. 이들을 '카공족'으로 부르는데 '카페에서 공부하는 사람'이라는 뜻이다. 한국의 새로운 문화 현상으로 혼자 커피숍에서 노트북을 하거나 시험공부하는 것을 흔히 볼 수 있다. 뉴스에 의하면 소음이 전혀 없는 공간보다 약간의 소음이 있을 때 집중력에 도움이 된다고 한다. 따라서 현대의 한국인들은 커피숍에 가는 이유는 다르겠지만 커피숍에서 즐기는 독특하고 자유스러운 커피문화를 좋아한다.

다. 쇼핑

> S# 17 장마당 (시장 모습) 4회
> 귀때기: 돼지고기 한 킬로만 주시오.
> 장사꾼1: 누가 생일입니까? 웬일로 고기를 다 사가십니까?
> 귀때기: 아들놈이 먹으려고 하오. 좋은 걸로 주시오

> 장사꾼1: 걱정하지 마시라요. 여기 장마당에서 우리 집 고기가 제일 좋습네다~
> (생략)
> 장사꾼: 구할 수 있디요. 미리 선금을 주시면 오늘 저녁 양강도에서 오는 달리기장사꾼
> 을 부탁하갔습니다. 여기 장마당에서는 고양이 뿔 빼고는 다 있거든요.

S# 17에서 만복은 아들에게 먹일 고기를 사러 장마당에 가고, 리정
혁은 세리에게 커피콩을 사 주려고 장마당에 간다. 드라마에서 그리는
장마당의 모습은 북한의 시장 모습이기는 하나 한국 옛날 전통시장의
모습이기도 하다. 요즘은 슈퍼마켓이나 백화점이 많지만 전에는 이런
재래시장이 많았다.

> **S# 48 백화점 쇼핑 11회**
> 리정혁: 지금 뭐 하는 거요?
> 세리: 뭐하기는요? 내가 뭐랬어요? 나는 제비. 그것도 최상위급 초럭셔리 제비, 지금
> 리정혁 씨는 밭갈이는 흥부된 거라구. 지금부터 블랙카드로 톱질 실컷 해보는 거
> 구요. 일시불로 주세요~
> 종업원: 예~

S# 48은 리정혁이 남으로 넘어갔을 때 입을 만한 마땅한 옷이 없는
걸 보고 세리가 리정혁을 데리고 백화점에 가서 블랙카드로 옷을 사
주는 것이다.

위 두 장면은 하나는 북한의 장마당 시장이고 하나는 한국의 백화
점 모습이다. 두 장면이 대조적인 것이 많다. 하나는 결재 방식이 다르
다. 장마당에서 물건을 살 때는 현금으로 결재해야 하는데 한국의 백
화점에서는 신용카드로 결재해도 좋다. 또 하나는 쇼핑 환경 자체가
다르다. 장마당은 일종의 재래시장이고 백화점은 고급스럽고 현대화

한 느낌을 부여하는 곳이다.

라. 대중문화

　사회마다 다수의 사람이 즐기고 소비하는 문화가 있는데 이것을 대중문화라고 한다. 한국에서는 드라마, 노래, 춤, 영화, 공연, 전시회, 스포츠, 게임 등 다양한 대중문화를 접할 수 있다. 한국인들은 자신의 취향에 따라 발라드, 가곡, 트로트 등 다양한 장르의 음악과 노래도 즐기고 있다. 중·장년층은 대체로 트로트나 발라드풍의 노래를 좋아하지만 청소년과 청년층은 주로 힙합이나 댄스 음악을 선호한다. 최근에 춤과 노래 실력을 두로 갖춘 아이돌 스타들이 방송에 많이 등장하고 있다. 아이돌은 한류의 영향으로 해외에서 특히 젊은 층에 인기가 많다.

●한류 드라마

S# 53 드라마 보기 (PC방에서) 12회

표치수: 두 사람은 남조선 정보의 보고와도 같은 PC방에서 임무를 수행하겠다 하지 않았나? 주먹이 어떻게 되었소?

주먹: 일단 첫날이니까 환경과 체계 파악에 집중을 하고 더불어 남조선 인민들은 어떤 부분에 희로애락을 느끼는가 정서 파악에 ~ (말 잘려서)

표치수: 드라마 봤지?

주먹: 예~ (조선인민공화국에서 봤던 추노 드라마를 마저 보는 장면)

　　　안 돼 ~ 대길아 이렇게 가면 어떡하냐?

주먹: 예~ (북한에서 봤던 추노 드라마를 마저 보는 장면)

　　　안 돼 ~ 대길아 이렇게 가면 어떡하느냐?

　S# 53은 한국에 온 오중대 부대원 김주먹과 은동이 리정혁을 찾으러 PC방에 갔는데, 김주먹은 한국 드라마를 사랑해서 PC방에서 한국 드라마 「추노」를 보고 있다.

「추노」는 2010년에 방영된 KBS의 퓨전사극이다. 첫 방송부터 시청자들의 이목을 집중시키며 화제가 되었다. 뿐만 아니라 이 사극은 북한에서도 인기가 있었다. 사실 사극은 본국이 아니면 해외에 수출해서 큰 인기를 얻기가 어렵다. 왜냐하면 사극은 역사적 사건, 역사적 인물, 전통문화를 많이 담고 있어서 그 나라의 역사를 알아야 즐겁게 볼 수 있기 때문이다. 그렇지 못하면 이해하지 못하는 부분이 많아서 흥미를 잃기 쉽다. 성공한 케이스가 이영애가 주연을 맡았던 「대장금」정도밖에 없다는 게 이를 증명한다. 한국과 북한은 같은 민족이라서 6·25 전에 같은 역사를 가지고 있고, 정서와 문화가 같으므로 사극이 북한에서 흥행하기가 상대적으로 수월하다.

S# 14 상장 수여식 3회
세리: 다음은 2등상은 김주먹~
김주먹: 진짜입니까?
세리: 어~ 니가 2등야. 너는 한류 사랑상이야~ 생략~ 통일버전 상품은 지우 씨와 점심 먹기. 그리고 즉시 수령버전은 여기 텔레비전~
리정혁: 이것 보시오.
세리: 있어봐요~
김주먹: 최지욱 동지와 점심 한 끼 선택하겠습니다.

S#14는 세리가 김주먹, 은동, 표치수, 박광범에게 상장을 주는 장면이다. 김주먹에게는 2등상을 주는데, 실상 김주먹은 한국 드라마의 열열한 팬이다. 전소에서 드라마 「천국의 계단」을 보느라고 세리가 북한으로 넘어가는 것을 막지 못했다. 「천국의 계단」은 2003년~ 2004년에 방송되었던 SBS의 드라마이다. 이 드라마는 한국에서뿐만 아니라 중

국과 일본을 비롯한 동아시아에서도 인기가 많았다. 따라서 배우 최지우와 권상우가 한류 톱스타가 될 수 있었다.

이 드라마는 막장 드라마다. 막장 드라마라는 것은 매우 복잡한 인물 관계, 무리한 상황 설정, 자극적인 장면 등으로 전개되는 드라마를 총칭하는 말이다. 현실과 동떨어진 이야기로 인해 시청자들이 저런 일은 있을 수 없다고 거부 반응을 보이기도 하지만 욕하면서도 극적인 전개에 빠져 끝까지 보게 되는 드라마다(반경희, 2017:93). 사랑을 소재로 한 드라마, 인상적인 대사와 빠른 전개 등을 특징으로 하는 드라마가 많은 편이다. 시청률 40~50%를 오르내리며 전 국민의 관심을 받는 드라마는 이른바 '국민 드라마'로 불리기도 한다.

•음악

S# 33 열차 판매원(노래) 5회

열차 판매원: 여행가는 손님들 안녕하세요~ 무엇이 좋은지 말해 보세요~ (노래를 부르면서 판매하는 장면)

S# 58 북한 생일축하 송 13회

북한 군인들: 축하합니다. 축하합니다~ 꽃다발을 받으시라. 축하합니다. 축하합니다. 생일 축하합니다.

표치수: 다시 한 번~

북한 군인들: 축하합니다. 축하합니다~ 축복을 받으시라. 축하합니다. 축하합니다. 생일 축하합니다.

S#33은 평양으로 가는 열차에서 판매원들이 노래를 부르는 장면이다. 이를 통해 북한의 노래에 관해서 이야기를 나누고 노래도 배울 수 있다.

S#58은 오중대 부대원이 리정혁 중대장을 찾으러 한국에 가 있는

동안 마침 세리가 생일을 맞았으므로 다들 모여서 세리의 생일파티를 여는 장면이다. 생일 케이크와 꽃다발을 준비하고 북한의 생일축하송도 부르면서 축하해 주는 것이다. 이 장면을 통해서 북한의 생일 축하송을 습득하는 동시에 한국식의 생일축하송도 복습하면 좋을 것으로 본다.

위 내용들은 한국인의 여가생활 중에 한 단면이라고 볼 수 있다. 이런 문화 현상이 생기는 깊은 원인도 있으므로 그것까지 한국어 학습자에게 알려주면 한국인과 한국 사회에 대해 깊이 이해할 수 있다.

•게임

> S# 55 게임 화면 (PC방에서) 12회
> 은동 PC방에서 게임을 하기 시작한다. (피타는 노력) 그리고 컴퓨터를 사용할 때도 타자가 익숙하지 않은 채 게임을 하기 위해서 '동맹신청'을 입력한다. 이때 다른 시각으로 PC방에서 있는 사람들의 컴퓨터 화면을 보여주고 대부분이 게임을 하는 장면이다. 동시에 다른 장면이 나타난다. 리정혁도 세리의 집에서 컴퓨터 앞에 앉아 있고 게임을 열중히 하는 장면이 나타난다. 열심히 노력했지만 결국 '결투 패배'가 나온다.
> 리정혁: 그만히 두지 않겠소, 피타는 노력~

S# 55는 은동과 김주먹이 한국에서 함께 리정혁을 찾으러 PC방에 갔을 때 한류 사랑상을 탄 김주먹은 북한에서 끝까지 다 보지 못했던 드라마 「추노」의 결말부분을 보고 있고, 은동은 게임을 배우기 시작하는 장면이다. 그리고 동시에 리정혁도 세리의 집에서 게임을 하고 있다. PC방에 있는 대부분의 사람들이 게임을 하고 있는 화면을 보여준다.

PC방은 한국에서는 젊은 사람들이 여가생활을 즐기는 중요한 곳인데, 여기서 컴퓨터로 이루어지는 게임은 젊은 사람들이 여가생활을 즐기는 아주 중요한 방식이다. 한국 게임산업을 주관하는 부서인 한국문화산업진흥원이 발표한 <2019한국게임산업백서>에 의하면 한국의 게임산업은 2009년~2018년 10년 간 계속 크게 성장해 왔다. 2018년에 한국은 전 세계 게임산업에서 6.3%를 차지하였고, 미국, 중국, 일본에 이어 세계 4위를 기록했다.[12] 한국의 프로게이머들은 세계적으로도 유명한데, 이는 청소년들이 게임을 좋아하는 것과 게임산업이 많이 보급되어 있는 점이 서로 연관 있다고 본다.

⑥ 직장 생활

가. 회식문화

한국에서 회사 생활을 잘하는 방법 중의 하나는 회식 문화에 잘 적응하는 것이다. 하지만 외국인들이 한국의 회식문화를 처음 접했을 때는 당황스럽고 이해할 수가 없는 경우가 많다고 한다. 그러므로 드라마 같은 영상자료를 통해 회식 예절과 회식 모임에서의 주의사항을 미리 학습하고 배워 두는 것이 매우 좋은 체험이 될 것이라고 본다.

S# 52 회식 12회
홍팀장: 대표님~ 요즘은 많이 변하신 것 같아요?
세리: 응? 뭐가?
홍팀장: 예전에 대표님이 혼자 먹으셨잖아요?
세리:응~ 같이 먹으니까 입맛이 더 좋아졌더라구요. 내가 몰랐지~ 예전에 ~

---

12) 前瞻經濟學人(2020), 韓國游戲産業市場現狀与競爭格局分析: 韓國是全球第四大游戲市場
　　https://baijiahao.baidu.com/s?id=1657962006503904598&wfr=spider&for=pc

---

S# 56 회식 16회

세리: 오늘 말복이니까 치킨 다들 맛있게 먹고 퇴근 일찍 하기~

동료들: 와~~ (환호)

리정혁: 당신 일상 속에서 찾을 수 있고 찾아야 할 것들이 작은 행복들을 놓치지 말았으면 하오.

S# 52에서 세리가 원래 딴 사람과 함께 식사하지 않고 혼자 식사하기를 좋아하는 사람인데, 북한에서 오중대 부대원과 술도 같이 먹고 식사도 같이 하고 나서 회식을 더 이상 거부하지 않게 된다.

S# 56은 세리가 예전처럼 일에만 열중하는 것이 아니라 일상생활에서 직원들과 회식도 하면서 작은 행복을 충분히 누릴 수 있게 되는 장면이다.

한국에서 회식은 단순히 식사를 하고 술을 마시는 것이 아니다. 회식 자리에서 직책에 따라 대우를 해 줘야 하는 것도 있지만 회사 분위기를 파악하거나 상사나 동료들과 사이좋게 지내기 위해 회식문화를 잘 알아둬야 한다. 한국인들은 회식을 회사 생활의 연장으로 느끼고 이를 통해서 회사에서 나누지 못한 속마음을 털어놓으면서 동료 간에 더 오해도 풀 수 있고 더 가까워질 수도 있다고 생각하기 때문이다. 회식 분위기는 평상시 근무할 때와 달리 상사가 있더라도 압박감을 줄이고 더 친숙하고 화목한 모습이 된다.

그러나 중국에서는 보통 아침 9시부터 일하기 시작해서 저녁 5시에 퇴근하는 습관이 있기 때문에 퇴근하고 직장 동료와 같이 회식하는 일이 아주 드물다. 다시 말하면 중국에서는 아직 회식문화가 한국 사회처럼 발달하지 않았다. 중국인들은 직장생활 이외의 사생활과 개인적 시간을 더 중요시한다고 본다. 최근에 들어, 경제활동이 발전하면서 중국의 남쪽에 있는 회사들은 "996 근무제"[13]를 실시하게 되었다. 그러나 반대하는 목소리가 커지고 있다. 개인 시간을 중요시하는 중국인들은 처음에는 회식문화에 적응하기가 어려울 것이다. 드라마를 통해 미리 알아둘 필요가 있다고 생각된다.

나. 상사와의 관계

> **S# 7 상사와 말대꾸 2회**
> 박수찬: 이 계약 성사한 다음에 회사에서 나 아무도 못 건드려. 개 부장있잖아? 그 인간도 내 눈치를 본다니까? 내가 요즘에 대놓고 걔하고 대꾸하잖아? 아무말도 못해~
> 홍팀장: 야~ 자식아~ 너 왜 그랬어? 왜 개겼어?
> 박수찬: 아니야 아니야~나 이제 그래도 돼~
> 홍팀장: 아니야~ 안 돼~
> 박수찬(치킨을 먹으면서): 어제 잘릴까 오늘 잘릴까 걱정하는 박수찬이 아니라니까.

S# 7은 세리스초이스 회사의 홍팀장이 자기 회사의 대표인 윤세리를 친구이자 보험회사 직원인 박수찬에게 소개시켜 주는 장면이다. 윤세리와 보험 계약을 성사한다면 박수찬은 보험사에서 부장의 눈치를 더 이상 볼 필요 없고 회사에서 언제 잘릴지 걱정할 필요도 없게 된다.

한국 사회는 위계사회의 성질이 강해서 직급과 서열을 중요시하는 경향이 있다. 직급이 낮은 사람이 높은 사람에게 큰 소리도 못 하고 눈치를 많이 보는 것은 늘 있는 일이다. 따라서 회사생활에 스트레스가 많고 자칫하면 권력이 있는 사람에게서 갑질당할 가능성도 있다. 동시에 한국 사회에는 업적이 제일이다. 업적이 좋으면 승승장구하고

---

13) 996 근무제는 아침 9시부터 근무하기 시작하고 밤 9시까지 일하는데다가 일주일에 6일을 근무하는 제도이다.

상사의 눈치를 볼 필요가 없는데다가 심지어 상사에게 말대꾸도 할 수 있다.

현대에 들어와 중국 사회는 서양의 평등사상을 많이 받아들여서 서열이나 위계를 강조하는 것이 아니라 업적이나 능력, 평등을 매우 중요시한다. 따라서 이런 점에서 한국은 중국과 차이점이 있다.

외국어 학습자로서 흔히 언어와 문화의 차이를 경험할 수 있는데 이것이 바로 문화충격(culture shock)[14]이다. 다른 나라의 문화를 이해하기 위해서는 무엇보다 문화충격을 해소하는 것이 중요하다. 문화충격을 완화하는 데 드라마가 아주 효과적이라고 생각한다. 현실에서 비슷하게 일어날 수 있는 상황을 미리 드라마로 간접적으로 경험하게 되어서 새로운 문화에 대한 충격을 완화해 줄 수 있다. 회사마다 기업문화가 다르겠지만 서열의식, 공동체 문화, 회사 법칙 등을 미리 알아두고 한국 회사에 취직하면 적응하기가 더 쉬울 것으로 판단된다. 이것은 중국 학습자가 반드시 미리 알아두어 하루 빨리 적응하도록 하는 아주 중요한 요체이다.

⑦ 계절활동

S# 8 김치 담그기 2회
마을의 여자들 강변에서 모여 배추를 씻고 김치를 담그려고 하는 장면
영애: 올핸 배추가 적구나~
마을 여자: 기렇지요 달콤함다.

---

14) 문화충격(culture shock)은 Oberg가 1960년에 제출한 개념이다. Oberg에 따르면 문화충격은 익숙한 사회교제부호로 인한 불안이라고 한다. 즉 문화충격은 심리적인 불안 중에 하나이다.
Oberg, K. Culture Shock: Adjustment to New Cultural Environments「J」. Practical Anthropology, 1960(7):177-182.

> 마을 여자: 우리 이렇게 5집, 2통 2000킬로그램밖에 안 되는 게.
> 영애: 나 시집오기 전에는 우리는 한 집만 한 통씩 담갔단 말이야. 일이야 수월하겠지
>   만 내년 봄까지 먹을 김치가 부족하지 않을진 않을까, 그거이 걱정이야~

　　S# 8은 사택마을의 여자들이 강변에 모여 배추를 씻고 김치를 담그려고 작업하는 장면이다. 마을 여자 한 명이 올해 배추 수확량이 적다고 하는 말을 통해 북한에서 자연재해로 인한 농산물이 감소하는 일이 가끔 있다는 사실을 암시해 주고 있다. 그리고 대화 내용을 통해서 북한 사람들도 집집마다 김치를 담가 먹는 식습관을 갖고 있다는 것을 알 수 있다. 한민족이 공통적으로 보존하고 있는 오랜 식생활 중의 하나는 바로 김치를 먹는 습관이다. "김치가 없으면 못 산다"는 말이 있듯이 김치는 한민족에게 아주 중요한 음식이자 독특한 식습관이기도 한다.

　　한국에는 김장철이란 말이 있다. 글자 그대로 김장을 담그는 계절을 말한다. 예전부터 김장철을 맞아 동네 여성들이 품앗이로 서로 김장하는 일을 돕는 풍속이 있다. 김장을 하는 집에서는 도와주러 온 사람들에게 떡과 수육과 동태찌개, 음료수를 내고 한쪽에서는 점심식사를 준비하는 전통문화가 있다. 그러나 근래에는 도시 생활을 하게 되면서 사람들은 먹고 살기가 바쁘고 시간이 없기 때문에 시장이나 슈퍼에 가서 김치를 사다 먹게 된다. 도시에서 살고 있는 일반인들은 김장날에 맞추어 김장 품앗이를 하며 얼굴을 맞대는 장면이 아주 드물어졌다. 하지만 북한에는 아직도 김장 품앗이하는 풍속이 남아 있어 공동체의 훈훈한 정을 나눌 수 있는 점을 파악한다.

⑧ 교통

S# 22 교통 자전거 - 4회
(리정혁이 자전거를 타서 세리를 마중하러 대좌의 집 앞에 기다린다.)
세리: 저, 자전거 정말 희한하다! 내가 앞에 타는 건가?
(둘이 같이 자전거를 타고 집으로 향한다)

S# 22는 세리가 대좌의 아내인 영애의 생일연 준비를 도와주러 갔다는 사실을 안 리정혁이 자전거를 타고 대좌 집 앞에 가서 세리를 기다리는 장면이다. 대좌 집에서 나온 세리가 리정혁을 만나 함께 자전거를 타고 집으로 돌아가는 모습이 참 향수를 불러일으킨다. 한국은 현대화하면서 자전거를 교통수단으로 이용하는 일이 많이 줄어들었고, 대신 하나의 운동 수단으로 활용하는 일이 빈번해졌다. 한국에서는 교통수단으로 흔히 자가용이나 지하철, 버스를 이용하는 것이다. 그러나 북한에서는 자전거가 아직 주요 교통수단으로 사용되고 있다.

⑨ 통과의례

가. 생일

S# 4 남한의 돌잡이 2회
사회자: 세리야, 너의 꿈을 잡아라.
관중들: 돈 잡아~ 돈 잡아~
세리(독백): 태어난 처음 선택이란 걸 했던 그때, 남들은 돈 집고 실 집는 돌상에서 나는 아버지 손을 꼭 쥐었다.
관중: 그렇지, 지 아버지의 손이 최고지~
세리(독백): 후계자 자리에 놓고 한 판 전쟁을 벌일 재벌가의 아기로서는 참으로 탁월한 선택이었다.

S# 4는 한국에서 흔히 볼 수 있는 돌잔치 장면이다. 아기가 만 1살
이 될 때 친척과 친지들이 모여 함께 축하하게 된다. 돌잔치에서 실,
책, 돈, 펜, 청진기 등과 같이 좋은 의미를 부여해 주는 물건들을 돌상
에 차려 놓고 아기가 집는 것을 보고 아기의 장래를 예측해 보는 관습
이 있는데 이것이 곧 돌잡이다. 따라서 돌잔치에서는 돌잡이가 아주
중요한 순서가 된다.

이런 돌잔치는 한국뿐만 아니라 중국에도 똑같은 문화가 있어서 중
국 학생들이 이해하기가 어렵지 않겠다. 한·중 양국의 문화 비교를
통해서 한국 문화를 더 잘 알 수 있을 뿐만 아니라 중국문화의 정체성
을 더욱더 잘 이해할 수 있는 기회를 제공하는 것이다. 이 시점을 활
용해 한·중 양국 문화의 관계, 한국문화의 정체성과 특수성, 중국문
화의 정체성에 대한 올바른 태도를 심어주는 데 아주 중요하고 좋은
자료가 될 수 있다.

S# 21 생일연 4회

세리: 또 무슨 일로?

인민반장: 중요한 공지가 있어서. 오늘 우리 영애동지의 생일이라여.

세리: 영애동지가 누구예요?

인민반장: 지난번에 인사하지 않았습니까? 대좌동지의 부인이자 우리 마을의 (말을 끊
　　　　기고)

세리: 아~ 대빵 ~

인민반장: 대빵?

세리: 아무튼 누군지 알았어요. 그래서요?

옥금: 기래서 생일 축하연을 열 예정인데...

세리: 초대 정말 감사합니다~

인민반장: 기럼은 오늘 오후 3시까지 모두 모여서 음식도 장만하고 또...

세리: 초대해 줘서 감사하기는 한데 내가 누군의 생파에 안 가는 게 원칙이라. 죄송...

옥금: 생파가 뭡니까?

S# 21은 사택마을의 여자 우두머리 영애의 생일이라서 온 마을 여자들이 선물을 준비해 생일연에 가고, 연회의 음식을 장만하기 위해 세리를 불러오는 장면이다. 이 장면을 통해 북한에는 공동체적인 의식이 강하고 정이 후하다는 것을 어느 정도 파악할 수 있다. 그리고 아랫사람이 윗사람의 생일을 챙겨 주는 사회 분위기를 파악할 수 있으므로 좋은 학습자료가 될 수 있다.

S# 56 생일파티 13회

세리: 내가 살다 살다 북한 생일축하송을 다 들어보고 근데 너네 생일 케이크 촛불 끄기 전에 소원 비는 거 알고 있겠지?
　　　그거 몰랐어? 내가 참 많은 거 알려줬네~ 자 ~ 다들 눈 감고 자기가 제일 원하는 소원 하나 비는 거야 ~ 그 다음에 촛불을 끄면 이뤄진다. 그 소원~

S# 56은 세리의 생일날에 오중대 부대원이 세리의 집에 가서 생일 파티를 해 주는 장면이다. 한국에서는 서양식으로 생일을 보내려면 보통 생일 케이크와 꽃다발을 준비하고 국제적인 생일축하송도 불러주게 되며, 생일의 주인공은 눈을 감아 소원을 빌고 촛불을 끈다. 전통식으로 생일을 보낼 때면 미역국이 빠질 수 없는 음식이다. 한국에서 생일날 미역국을 먹게 되는 이유는 산모가 아이를 낳은 후에 산후조리에 미역국이 아주 좋다고 믿기 때문이다.

확장교육으로 시험을 치르는 날에는 한국인이 미역국을 안 먹는다는 전통을 알려주고 왜 그러는지를 토의해도 좋다. 미역의 미끄러운 특성 때문에 시험에 쉽게 떨어질 수 있다고 여기기 때문이다.

중국에는 서양식으로 생일을 보내는 경우 한국과 비슷하게 생일 케

익이 꼭 있어야 하고 국제적인 생일축하송도 불러야 한다. 지역에 따라 다르겠지만 일반적으로 생일의 주인공이 친구나 친지들을 초대하게 되고, 초대받는 사람이 케익을 준비해 가지고 간다.

전통적으로 중국인들은 생일날에 가늘고 긴 장수면(長壽面)을 먹는다. 장수면의 긴 국수가락은 긴 수명을 상징하기 때문에 빠져서는 안 되는 생일 음식이다. 그리고 보통 삶은 계란도 먹어야 한다. 이것은 계란에 영양소가 많아 산모의 건강에 좋은 보신 식품으로 여겼기 때문이다. 이것은 한국에서 생일에 미역국을 먹는 것처럼 부모님께 감사하려는 깊은 뜻에서 비롯된 것이다.

이 내용을 이용해서 중국과 남한, 북한 삼국의 생일파티의 차이점과 유사점을 비교하는 것이 아주 의미가 있다고 본다. 문화비교를 통해서 문화의 차이점을 알고 문화 차이를 처리하는 민감도를 높일 수 있고 문화에 대한 포용력을 넓히는 것이다.

나. 결혼 상견례

S# 34 오장육기 (유행) 혼수 6회
서단의 어머니: 아닙니다. 어케 그러니까 남들 다 하는 <u>오장육기</u>는 해야 하고
리정혁의 어머니: 오장육기요?
서단의 어머니: 어~ 사부인 ~ 너무 최신 유행어를 모르신다. 오장은 찬장, 이부장, 옷
　　　　　장, 책장, 신발장, 육기는 냉동기, 세탁기, 녹음기, 사진기, 전화기, 선풍
　　　　　기. 거기다가 로봇청소기와 말하는 밥가마, 거위털이불 넣으면 오장육
　　　　　기가 아니라 구장십기를 해도 모자라죠
(생략)
서단의 어머니: 여기 가장 비싼 샴팡 (샴페인의 북한식 용어)

S# 37 정략결혼의 폐해 7회

구승준: 아~정략결혼 …

서단: 어~

구승준: 날짜도 잡았고?

서단: 어~ 다음 달.

구승준: 그런데 약혼자는 딴 여자와 호텔에 가 있구?

서단: 그런게 아닙니다. 방도 따로 잡았고 모든 거 다 따로 따로.

구승준: 고백은 받았고?

서단: 고백은?? 뭐~ 곧 결혼할 건데…

구승준: 이봐~ 이봐~ 제가 옥상에서 그랬지. 내가 가르칠 게 좀 있다구~ 이런 말 냉정
　　　하게 들리겠지만 서단 씨가 약혼자와 절대 설레기가 힘들어~

서단: 왜?

(생략)

서단: 그것 뭐?

구승준: 갑자기 반말을? 아무튼 ~ 사람은 설레는 건 끝이 어떻게 될지 모를 때거든,
　　　우리 계속 만날지 헤어질 고백하다 깔이지 해피엔딩 될지 어떻게 될지 도무지
　　　알 수가 없거든. 궁금하고 초조하고 심장이 쪼이고 미치겠군, 이거 설레지.

서단: 날을 잡았으니까 안 설렌다.

구승군: 마음은 안 잡고 날부터 잡았으니까 안 설렌다.

S# 34에서는 오장육기, 구장십기라는 단어를 사용해 북한의 결혼문
화, 특히 현대 유행하고 있는 혼수 문화에 대해서 언급했고, S# 37에
서는 정략결혼이란 단어를 사용해 고백을 받지 못하는 정략결혼의 폐
해를 얘기한다.

혼수는 남녀 간 사회적 결합체인 가족을 영위함에 필요한 실림물품
을 가리킨다. 혼수품은 해당 사회의 경제 발전단계, 혼인 후의 주거규
정 등에 달려 있다. 드라마 속에 나타나는 북한의 '오장육기', '구장십
시'란 혼수품은 주로 가전용품과 가구에 해당한다.

중국의 혼수품은 시대의 흐름에 따라 많이 달라졌다. 지난 세기 70

년대에 결혼 필수 혼수는 봉황 브랜드의 자전거, 상하이 손목시계, 전자 재봉틀이었다. 80년대에는 텔레비전, 냉장고, 세탁기가 유행했다. 90년대에는 휴대폰, 컴퓨터, 에어컨이었다. 21세기에 들어서는 자동차, 집, 은행 저축이 있어야 한다. 저축의 액수는 지역에 따라 다르지만 돈이 많으면 많을수록 여성을 존중한다는 의미를 부여한다.

S#27 결혼식 4회

서단 어머님: 걱정도 팔자다야~ 우리 단이 러시아 유학가는 동안 7년이 하루같이 기다리는 사람은 총국장의 아들인데...

아주머니: 그래? 기럼 다행인데, 워~ 소문에 그 동무가 혼인의 뜻이 없어서 전소까지 내려갔다고 기래서~

서단 어머님: 야~ 그 혼인 올해 넘지 않을 예정이니 여기서 국수를 배 터지게 쳐먹고 가라잉~ 기럼~ 굿바이~

S# 30 결혼 조건 5회

구승준: 벌써 다 드신 겁니까?

세리: 오빠가 말 안 해요? 내 별명 짧은 입 공주라고. 웬만큼 맛있지 않고선 세입 이상 먹히지가 않아. 뭐가.

구승준: 다음엔 더 신경 쓸게요.

세리: 신경 안 써도 돼요. 다음은 없을 거니까. 학벌도 완벽하고 젊은 분이 안목도 뛰어나서 투자도 그렇게 족집게처럼 잘하신다면서요? 근데 구승준 씨 난 안 넘어가요. 내 눈엔 다 보이거든. 당신 지금 큰 거 한탕하려고 공들여서 밑밥 까는 거잖아. 나랑 결혼해서 다 갖고 싶은 모양인데 건 안 될 것 같네. 난 눈칫밥을 너무 먹고 자라서 눈치가 백단이거든. 그냥 우리 둘째오빠 주머닛돈이나 털어먹고 끝내요.

S# 27과 S# 30은 세리가 둘째오빠의 소개로 구승준과 선을 볼 때 한국인의 결혼조건에 대해 뚜렷이 알려주는 장면이다. 한국에서는 학벌, 재능, 경제력 유무가 결혼할 때 많이 따지는 조건이라고 한다.

이 장면을 활용하여 중국 학습자가 보통 한국인들이 생각하는 결혼

조건에 대하여 어떤 태도를 취하는지 확인할 수 있다. 결혼조건은 사람마다 다르겠지만 한국 사회에 보편적으로 퍼져 있는 결혼 조건은 학벌, 능력, 재력인 것으로 알려져 있다. 그리고 자신의 결혼조건은 무엇인지 말하기활동을 통해 중국 젊은이들의 생각을 확인할 수 있다.

S# 40 구승준이 세리에게 청혼 8회

구승준: 아까 한 얘기 말인데 아무리 서류상이라고 해도 갖출 건 갖춰야지 싶어서 <u>사진이라도 찍으려면 웨딩드레스까진 몰라도 웨딩링 정도는 필요하지 않을까?</u>

세리: 뭐야? 이게.

구승준: 상황은 좀 웃기긴 한데 <u>와인도 있고 촛불도 있고, 난 지금은 청혼하는 거야. 7년 전에 깨진 연인이 돌고 다시 돌아왔다고 생각해.</u>

세리: 분위기 잡지 마~ 이러니까 무슨 진짜 결혼하는 거 같잖아~

구승준: 진짜면 안 돼?

　S# 40은 세리가 리정혁에게 더 이상 폐를 끼치고 싶지 않아서 한국으로 돌아갈 수 있도록 해 달라고 구승준한테 부탁하는 장면이다. 그러자 구승준이 자기는 영국 국적이자 비즈니스맨 신분이므로 세리와 결혼한다면 북한을 떠날 수 있다고 한다. 결국 구승준이 세리에게 청혼하는 것이다. 결혼 사진, 웨딩드레스와 웨딩링이란 단어들을 통해 한국의 결혼문화를 짐작할 수 있다.

　여기서 확장교육을 할 때 한국의 전통적 결혼문화와 현대적 결혼문화로 나눠서 학습할 수 있다. 게다가 학습자에게 중국의 결혼문화까지 물어보고 결혼 풍습에 대해 토론하도록 한다.

다. 상례

<그림 11> 드라마 속의 상례 장면[15]

S# 43 상례 10회
(세리스초이스 회사 로비에서 세리의 화상과 배너 아래와 같다)
세리스초이스 윤세리 대표님
회사를 이끈 대표님의 열정, 잊지 않겠습니다.
삼가 고인의 명복을 빕니다.
세리: 잠깐만요, 사진이 왜 이래? 누가 고른 거야?
방명록(芳名彔)을 받아서
세리: 이거 내가 봐야지. 누가 내 명복을 빌었는지 누가 안 빌었는지...

S# 43은 세리스초이스 회사 대표로서의 윤세리가 죽은 줄 알고 회사 로비에서 윤세리의 명복을 비는 화상과 배너를 마련했을 뿐만 아니라 상 위에 사진을 하얀색 국화로 장식하고, 그리고 조문객의 방명

록을 놓아 둔 것이다. 이 장면은 바로 현대 한국의 상례문화를 보여준다.

한국의 전통 상례문화가 어떠한지를 학습자가 인터넷으로 자료를 찾거나 한국인에게 물어보도록 하는 확장교육을 실시할 수 있으며, 중국의 상례문화까지 학습자가 토론을 통해 자세히 알 수 있도록 한다.

S# 42 장례 10회

세리: 자기 장례식장에서 관 뚜껑 열고 나오는 기분이 이런 것일까요? 여러분~ 누가 내 장례식에 부의금을 얼마나 냈는지 누가 병풍에서 내 뒷담말을 했는지 다 알게 되어 버린 기분이네요.

S# 42는 세리가 한국으로 돌아가서 출근 첫날에 자기를 배신하려 했던 회사의 부하와 새언니를 앞에 놓고 따지는 장면이다. 한국 현대의 상례문화가 전통적 상례문화와 많이 달라졌지만 부의금, 방명록, 조문 차례 지키기 등등 대부분이 바뀌지 않았다. 이 장면을 통해 확장교육으로 옛날과 오늘날 장례의 모습을 상세히 비교할 수 있고, 조문 요령, 문상 예절 등을 배울 수 있다.

(2) 언어문화

① 이름과 호칭

S# 15 성씨 본관 - 3회

세리: 내 이름은 윤세리에요.

리정혁: 리정혁이오

세리: 참 ~ 나 해주 윤씨예요. 해주가 북한에 있는거 맞죠?

리정혁: 난 전주 리씨오 (전주는 한국에 있음)

S# 15는 윤세리가 리정혁과 처음에 서로 정식으로 인사하는 장면이다. 자기의 성함과 본관을 소개하고 있다. 해주 윤씨는 북한에 있는 황해도 해주(海州)를 본관으로 하는 한국의 성씨이다. 윤세리는 한국인이지만 본관은 북한이다. 반대로 리정혁은 북한의 군관이지만 본관은 한국의 전주 이(李)씨다. 전주 이씨는 한국에 있는 전라북도 전주시를 본관으로 하는 한국의 성씨이다. 이 장면을 통해 대한민국은 북한과 지금 비록 두 나라로 나뉘어 있지만 혈맥상통하는 같은 민족이라는 것을 보여준다. 같은 역사, 정서, 문화 등을 공유하고 있는 것은 지워질 수 없는 사실이다.

성이 바로 부계(父系)의 혈통을 나타내면서 시간상의 끊임없는 연속성을 보여준다면, 본관은 어느 한 시대에 정착하였던 조상의 거주지를 나타내므로 공간상의 의미가 크다. 즉, 성은 공동의 조상을 나타내는 부계의 핏줄을 뜻하며, 본관은 지명으로 표기된 점에서 알 수 있듯이 성과는 다른 차원에서 성립된 것임을 짐작할 수 있다.

따라서 성이 같고 본관이 같다는 두 가지 조건이 충족될 때에만 부계친족의 친근성이 밀접해지는 것이지, 성과 본관의 어느 한 가지가 다른 경우는 판이한 차이가 있다. 본래 성씨와 본관제도는 계급적 우월성과 신분을 나타내는 표시로서 대두되었기 때문에 왕실·귀족·일반지배계급·양민·천민 순으로 수용되어 왔다.

S# 16 북한 호칭 3회
사택마을 여인들: 대위동지~ 대위동지~

S# 49 북한 호칭 11회
만복: 왜 안 들어갑니까?
표치수: 만복 동지~~~
만복: 교육 받은 거 잊었습니까? 동지라니요? 아이구~ 누가 듣습니다.
표치수: 그럼 남조선 식으로 형, 그럼 만복 형도 말 놓으시라요.

S# 16, S# 49에서는 북한의 호칭을 볼 수 있다. 호칭은 친족 호칭과 비친족 호칭으로 나눈다. 한국과 북한에는 친족 호칭이 많다.

한국의 친족 호칭을 살펴보면 '父'는 '아버지'나 '아빠'라고 하고, '母'는 '어머니'나 '엄마'라고 한다. '祖父'와 '祖母'는 그대로 '할아버지', '할머니'로 하고, '子아'와 '女'는 해당하는 아름으로 부른다. 손위 남자 형제는 '형/형님', '오빠'라고 칭하고 손위 여자 형제는 '누나/누님', '언니'라고 칭한다. 아버지의 형제는 '백부/큰 아버지', '숙부/작은 아버지'라고 칭한다. 남한에서는 남편을 '신랑'이나 '그이'라고 부르기도 한다. 북한에서는 남편은 '나그네'나 '세대주'라고 한다.

한국어에는 비친족 호칭이 다양하다. 회사의 상관은 직책에 따라 '사장님', '부장님' 등으로 칭하고 선생님은 '선생님'으로 하거나 성을 앞에 붙여서 '이 선생님' 등으로 칭한다. 이웃 어른은 '할아버지', '할머니', '아저씨', '아주머니', '언니', '오빠', '형' 등 적재적소에 알맞게 부르고 손아래 이웃은 '철수야', '영희야 ' 등처럼 이름을 부른다. 손아래 직장 동료는 '미스터'나 '미스'를 붙여서 '미스터 김', '미스 김' 등으로 부르거나 '김청수 씨', '김영희 씨' 등처럼 '씨'를 붙이기도 하고 '김 과장' 등 직책 앞에 성을 붙여서 부른다(박영순, 2006;107-108).

한국의 호칭 중에서 특이한 것은 영업장소에서 여자 사장이나 여자

종업원을 부를 때 '이모', '언니' 등으로 부르거나 남자를 부를 때는 '삼촌' 등으로 칭한다. 친족은 아니지만 친밀함의 표시로 통상적으로 사용되고 있다. 그리고 자기의 부모님이 아닌데도 불구하고 친밀함의 표시로 통상적으로 친구의 아버지와 어머니는 '아버님'과 '어머님'으로 칭한다.

북한에는 비친족 호칭은 '동무'나 '동지'로 칭한다. 친밀함의 표시로 이름만 앞에 붙여서 '영애 동지'나 '영애 동무' 등으로 칭하고, 정식적인 의미를 표시할 때는 성명을 앞에 붙여서 '리정혁 동무/동지' 등으로 칭한다. 군대의 상관은 직책에 따라 '대좌 동지', '대위 동지' 등으로 칭한다.

<표 2> 드라마 「사랑의 불시착」에 나타난 호칭

친족 호칭	국가	비친족 호칭	뜻	국가
오빠, 형님, 아버지, 어머니 등	한국	회사: 대표님, 팀장, 부장님 등	회사에서 직책에 따라 대표님, 부장님, 팀장님 등	한국
		아버님, 어머님	아는 사람의 부모님은 존경하면서도 친하게 부르는 말	한국
나그네: 남편 세대주: 남편	북한	동지, 동무	아저씨, 아가씨와 비슷하다	북한
		군인: 대위 동지, 대좌 동지 등	군인의 계급	북한

남·북한은 같은 민족이지만 수십여 년 동안의 대립으로 정치체제,

경제체제뿐만 아니라 언어생활도 많이 달라졌다. 호칭은 인간관계나 사회지위를 의미하는 것이므로 특히 그렇다. 남한의 호칭은 존경하거나 친하다는 뜻을 표현하도록 비친족이지만 친족 호칭으로 사용하는 경우가 많다. 인간관계를 잘 유지하기 위해 그런 호칭이 사용되는 것인데 남한 사람이 관계를 중요시한다고 말할 수 있다.

반대로 북한에서는 많이 사용하는 '동무'나 '동지'는 인간관계보다 사회지위를 중요시한다는 의미로 파악된다.

② 언어표현

한국어 학습자가 속담, 고사성어, 관용표현뿐만 아니라 신조어와 줄임말도 알아야 한국인들과의 의사소통이 원활해진다. 드라마 「사랑의 불시착」에는 고사성어, 속담, 관용표현, 신조어, 줄임말 등이 자주 나와 학습자가 한국어를 학습하기에 적합하다.

가. 고사성어

고사성어는 주로 한자 네 자로 이루어진 성어로 교훈이나 유래를 담고 있다. 고사성어는 중국의 옛이야기에서 유래한 것이 많으므로 중국의 한국어 학습자에게는 아주 익숙한 학습자료가 된다. 물론 중국의 사자성어를 그대로 전해온 것도 있고 사용하면서 바뀐 것도 있지만 이 부분을 잘 활용해서 학습자의 호기심을 유발하여 학습 동기를 부여해서 언어비교를 잘 수행할 수 있도록 지도하도록 한다.

<표 3> 드라마 「사랑의 불시착」에 나타난 고사성어

1	백발백중 (百發百中)	1회	백 번 쏘아 백 번 맞는다는 뜻이다.
2	승승장구 (乘勝長驅)	4회	싸움에서 이긴 기세(氣勢)를 타고 계속(繼續) 적을 몰아침
3	남남북녀 (南男北女)	3회	남녘 남. 사내 남, 북녘 북, 여자 녀. [풀이] 남쪽은 남자가 잘나고 북쪽은 여자가 아름답다는 말. 우리나라의 속담임.
4	행방불명 (行方不明)	4회	다닐 행, 방향 방, 아닐 불, 밝을 명 [풀이] 여행 중 他鄕(타향)에서 병들어 죽거나 생사가 불명해짐.
5	일석이조 (一石二鳥)	6회	돌 한 개를 던져 새 두 마리를 잡는다는 뜻으로, 동시에 두 가지 이득을 봄을 이르는 말
6	전화위복 (轉禍爲福)	10회	화가 바뀌어 오히려 복이 된다는 뜻으로, 어떤 불행(不幸)한 일이라도 끊임없는 노력(努力)과 강인(強靭)한 의지(意志)로 힘쓰면 불행(不幸)을 행복(幸福)으로 바꾸어 놓을 수 있다는 말
7	남아일언중천금 (男兒一言重千金)	10회	남자(男子)는 약속(約束)한 한 마디의 말을 중(重)히 여겨야 한다는 뜻으로,
8	희로애락 (喜怒哀樂)	12회	기쁨과 노여움, 슬픔과 즐거움이라는 뜻으로, 곧 사람의 여러 가지 감정(感情)을 이르는 말

<표 3>에서 '승승장구'와 '행방불명'은 한국인이 사용하면서 부분적으로 바뀐 것이고, '남남북녀'는 한국의 옛 이야기에서 유래한 한국의 고유 사자성어이다. 이런 중국과 일치하지 않는 고사성어를 활용해 좋은 문화활동을 수행할 수 있다. 예를 들어, 한국어로 사자성어를 칠판에 적어놓고 학습자를 시켜서 해당하는 한자를 써 보라는 활동을 하도록 한다. 그 다음에 어느 부분을 바꿨는지 표시해 보게 하고 중국어 원래 그대로 하면 어떻게 되는지 학습자에게 질문할 수 있다.

'남남북녀'같은 경우는 한국의 고유한 사장성어라서 중국 학습자가 잘 모를 것이니 무슨 뜻인지를 맞춰 보게 하는 것도 아주 재미있는 문화활동이다.

'남아일언중천금'은 형식적으로 네 글자로 이루어진 것이 아니지만 사자성어 범주에 넣기로 한다. 따라서 한국에 있는 고사성어의 분류를 학습자에게 귀납할 수 있도록 한다. 이것은 한국의 고사성어에 대한 아주 중요한 학습이 된다고 본다.

나. 속담

속담은 예로부터 민간에 전하여 오는 쉬운 격언이나 잠언을 의미한다. 어느 민족이나 언어에 개별적인 특징이 있듯이 속담에도 언어 개별성이 나타난다. 한국 속담은 입에서 입으로 전승되어 온 소중한 언어 유산으로 한국 민족의 오랜 역사와 함께 해온 삶의 모습과 정서와 지혜와 교훈, 그리고 풍자가 담긴 응축된 말이다(박영순, 2006;111-112).

S# 39 속담 - 8회
구승준: 알잖아? 그쪽이 지금은 상황이 어떻게 될지도 모르는데. 연락은 불 난 데에 기
름을 붓겠다구? 이성으로 판단해~

트렌디드라마 「사랑의 불시착」에는 S# 39에서와 같이 속담이 많이 나온다. 제시된 속담의 의미는 <표 4>와 같이 정리된다.

<표 4> 드라마 「사랑의 불시착」에 나타난 속담

1	작년 이랑이 고랑이 되고 금년 고랑이 이랑이 된다	1회	잘살던 사람이 못살게도 되고 못살던 사람이 잘살게도 됨을 비유적으로 이르는 말.
2	등잔 밑이 어둡다	2회	대상에서 가까이 있는 사람이 도리어 대상에 대하여 잘 알기 어렵다는 말
3	하늘이 무너져도 구멍이 있다	3회	아무리 어려운 경우에 처하더라도 살아 나갈 방도가 생긴다는 말
4	십년이면 강산도 변하다	3회	세월이 흐르면 모든 것이 다 변한다는 말.
5	걱정도 팔자다	3회	하지 않아도 될 걱정을 자꾸 하거나 남의 일에 참견하는 사람에게 놀림조로 이르는 말.
6	적을 알고 나를 알자	4회	적의 사정과 나의 사정을 자세히 앎. ≪손자≫ <모공편(謀攻篇)>에 나온 말이다.
7	고양이 뿔 빼고 다 있다	4회	세상 풍물이 한데 다 모여 있다.
8	새 발의 피	5회	새의 가느다란 발에서 나오는 피라는 뜻으로, 아주 하찮은 일이나 극히 적은분량임을 비유적으로 이르는 말.
9	쥐도 새도 모르다	6회	아무것도 알지 못한다.
10	구운 게도 집게 다리를 떼고 먹기	6회	만사 조심하라는 뜻이다.
11	불난 집에 기름을 붓겠냐?	8회	불난 집에 부채질하다 남의 재앙을 점점 더 커지도록 만들거나 성난 사람을 더욱 성나게 함을 비유적으로 이르는 말.
12	상다리가 부러지다	9회	상에 음식이 매우 많이 차려져 있다.
13	간이 콩알만 하다	10회	몹시 겁이 나서 기를 펴지 못하다.
14	낮말은 새가 듣고 밤말은 쥐가 듣는다	12회	아무도 안 듣는 데서라도 말조심해야 한다는 말. 2. 아무리 비밀히 한 말이라도 반드시 남의 귀에 들어가게 된다는 말.

<표 4>를 활용해서 있는 그대로 한국 속담의 특징을 귀납하기도 좋다. 한국의 속담에 사용하는 어휘는 일상생활과 긴밀한 관계가 있다. 첫째, 동물과의 연관성이 강하다. 예를 들어, '고양이 뿔 빼고 다 있다', '새 발의 피', '쥐도 새도 모르게', '구운 게도 집게 다리를 떼고 먹기' 등이다. 둘째, 사람의 신체와의 연관성이 있다. '간이 콩알만 하다'. 셋째, 교육적인 기능을 가지고 있다. 예를 들어, '낮말은 새가 듣고 밤말은 쥐가 듣는다', '등잔 밑이 어둡다', '작년 이랑이 고랑이 되고 금년 고랑이 이랑이 된다' 등이다.

트렌디드라마 속에 나타나는 속담은 실제 생활에서 한국인들이 많이 사용하는 것이므로 꼭 알아야 한다고 본다. 그리고 이런 속담을 활용해 한국 속담의 특징을 학습자가 스스로 귀납하고 총결산하는 것은 학습자의 수동적인 학습이 능동적인 학습으로 전환되는 것을 뜻하므로 아주 의미가 있다고 본다.

다. 관용표현

관용표현은 두 개 이상의 단어로 이루어져 있으면서 그 단어들의 의미만으로는 전체의 의미를 알 수 없는 특수한 표현인데, 드라마 「사랑의 불시착」에 제시된 관용표현의 의미를 다음과 같이 정리할 수 있다.

<표 5> 드라마 「사랑의 불시착」에 나타난 관용표현

1	말도 안 된다	실현 가능성이 없거나 이치에 맞지 않다.	3회
2	입에 맞다	맛이 좋다	4회
3	뼈를 묻다	(사람이 어디나 특정 분야에) 마음과 정성을 다하다.	4회
4	치 떨다	매우 인색하여 내놓기를 꺼리다.	4회

5	양다리를 걸다	(사람이) 양쪽에서 이익을 보려고 두 편에 모두 관계를 가지다.	4회
6	국수를 먹다	결혼식에 초대를 받거나 결혼식을 올리다.	4회
7	입이 짧다	음식을 적게 먹거나 가려 먹는 버릇이 있다.	5회
8	입이 가볍다	입이 싸다. 비밀을 잘 지키지 못한다.	8회
9	고개를 들다	남을 떳떳이 대하다.	10회

관용표현은 그를 구성하는 단어들의 의미만으로는 전체의 의미를 알 수 없어서 중국 학습자에게는 좀 어렵겠지만 한국인의 사고, 풍습 등의 문화요소를 담고 있으므로 좋은 학습자료가 된다.

라. 신조어 · 줄임말

사회의 발전을 따라 새로운 사물이나 개념이 많이 생겨나게 되는데 이런 것들을 묘사하거나 표현하기 위해 새로운 어휘가 만들어진다. 새롭게 생긴 이러한 단어를 신조어라고 한다. 한국이 현대사회에 들어서면서 새로운 개념을 강화하거나 신선감을 강조하는 많은 신조어가 생겼다. 요즘의 신조어는 대부분 줄임말의 표현이 많은 관계로 규범에 맞지 않는 경우도 많으나 유학생들은 신조어를 알아야 한국 친구들과 대화하기가 쉬워지기 때문에 꼭 필요한 교육자료라고 생각한다. 그러나 교재에서는 신조어나 줄임말은 어문규범에 맞지 않는 경우가 많으므로 거의 기재되지 않는다. 그러나 드라마는 현실 생활에서 자주 사용되는 실제 언어를 제공하는 것이므로 산교육이 된다.

<표 6> 드라마 「사랑의 불시착」에 나타난 신조어·줄임말

1	생파	생일파티	한국
2	최애	최고로 사랑하는 사람	한국
3	생얼	화장을 하지 않은 맨 얼굴을 속되게 이르는 말.	한국
4	치맥	치킨와 맥주	한국
5	심쿵	심장이 '쿵쾅쿵쾅거린다'는 뜻으로 좋아하는 대상을 볼 때 사용	한국
6	생쑈	행동이 지나쳐 오두방정(몹시 방정맞은 행동)을 떠는 짓을 보고 상대방이 하는 말로 비꼬거나 야유하는 투로 많이 사용	한국
7	안물안궁	'안 물어 본 것'의 줄임말인 '안물'과 '안 궁금한 것'의 줄임말인 '안궁'의 합성어	한국
8	쭉 땁시다	원샷하자	북한
9	탈맥	탈피명태와 맥주	북한
10	오장육기	오장은 찬장, 옷장, 책장, 신발장, 육기는 냉동기, 세탁기, 녹음기, 사진기, 선풍기.	북한
11	구장십기	로봇청소기와 말하는 밥솥, 거위털이불 넣으면 오장육기가 아니라 구장십기	북한
12	김대	김일성대학교	북한
13	탈덕	어떤 분야나 사람에 대하여 열성적으로 좋아하는 것을 그만둠	한국
14	대박	어떤 일이 크게 이루어짐을 비유적으로 이르는 말.	한국

　신조어를 사용하면 재미있고 유행을 잘 타는 사람의 이미지를 갖게 된다. 좋은 인상을 주면 서로 의사소통이 더 잘 되고 친하고 진지한 관계를 가질 수 있다. 따라서 신조어는 반드시 배워야 한다. 그러나 신조어를 아무에게나 다 사용하는 것이 아니다. 윗사람에게는 쓰지 않는 것이 좋겠다는 점도 알려줘야 한다.

마. 은어

S# 32 은어 5회
꼬마들: 귀때기(도청자를 가리키는 은어) 새끼 꺼져라~
세리: 왕따는 남북을 가리지 않은 사회문제이구만~

은어는 특정의 사회단체가 비밀을 유지하기 위해 다른 단체가 알아듣지 못하도록 쓰는 말이다(林從綱, 2007). 은어는 범죄단체에서 먼저 쓰이기 시작하다가 사회의 발전에 따라 종교, 비즈니스 등 업계에서도 방어의 목적으로 사용하게 되었다. 최근에 들어, 교사가 학생에게, 의사가 환자에게 임시로 비밀을 지키려 할 때 은어를 쓰기도 한다. 하지만 은어는 누구에게나 다 쓸 수 있는 말이 아니다. 특히 나이가 드신 분이나 선생님, 사장님한테 은어를 사용하면 예의 없는 사람이라고 평가받을 수 있으므로 특히 조심해야 한다.

드라마 「사랑의 불시착」에는 S# 32의 경우와 같이 은어가 가끔 쓰이고 있다. 「사랑의 불시착」에 나오는 은어를 정리하면 <표 7>과 같다.

<표 7> 드라마 「사랑의 불시착」에 나타난 은어

1	귀때기	도청자를 가리키는 은어	북한
2	아래 동네	대한민국을 가리키는 은어	북한
3	초딩	초등학생을 은어로 일컫는 말이다	한국
4	왕따	원래는 은어였으나, 요즈음엔 그 말이 급속도로 번져나가 은어의 성격을 잃게 되었다	한국
5	선빵 날리다	먼저 공격하다 먼저 시작하다 등의 뜻입니다	한국
6	선선한 데	수용소를 가리키는 은어	한국
7	대빵	1. '크게' 또는 '할 수 있는 데까지 한껏'이라는 뜻을 나타내는 말 2. 제일 권력 있고 권위가 높은 자	한국

한국어 학습자들이 한국어의 다양한 실생활 언어표현을 알면 한국 문화를 이해하기가 쉽고, 오해 없이 재미있게 한국어를 공부하는 데에 도움이 될 것이다.

바. 방언

방언은 표준어를 전제로 한 말이다. 표준어란 한 나라에서 공용어로 쓰는 규범적인 언어인 반면 방언은 표준어와 반대되는 개념의 언어로서 한 언어에서 사용지역 또는 사회 계층에 따라 분화되어 쓰인다. 한국의 지역방언은 크게 경상도 방언, 전라도 방언, 충청도 방언, 강원도 방언, 제주도 방언 등으로 구분할 수 있다. 북한의 방언은 크게 함경도 방언, 평안도 방언으로 구분할 수 있다.

S# 46 10회

은동: 저렇게 가깝게 있어도 우리 이제 영영 못 보는 거죠? 기래도 가면 오마니를 만나는 거 아닙니까? 난 부럽습니다.

S# 46은 세리가 한국으로 돌아가기 전에 비무장지대에 가게 되고, 거기서 오중대 부대원들과 함께 대화를 나누는 장면이다. 은동의 말은 표준말이 아니라 방언이다. 북한에서도 '母'를 보통 '어머니'라고 부르지만 평안도 방언으로는 '오마니'라고 한다. 이 드라마에서는 한국과 북한의 표준어를 들을 수 있을 뿐만 아니라 양국 간의 대표적인 사투리도 들을 수 있어서 좋다.

문화를 이해하기 위해서는 해당 언어의 방언에 대한 이해가 필요하다. 방언은 실생활이나 매체에서 자주 들을 수 있는 말이므로 방언을 이해하지 못한다면 대화 상황이나, 드라마나 영화 감상에서 그 내용을 제대로 이해하지 못 된다. 드라마나 영화에 나오는 방언은 웃음을 자아내는 문화요소를 발휘하고 유머러스한 역할을 한다. 따라서 방언 익히기가 한국어 학습에 있어서 중요한 부분이지만 한국어 교재나 수업에서 거의 접할 수 없기 때문에 이런 드라마 영상을 통해 실생활에서 들을 수 있는 방언을 공부할 수 있도록 한다면 해당 지역 주민들의 성격, 지역문화, 사회환경 등을 알게 될 기회를 얻는 셈이 된다고 생각한다.

사. 언어유희

S# 24 언어유희 4회
세리: 계단, 계단, 빨리 해~? 다섯, 넷, 셋.
표치수: 가만히 있어봐라~ 단묵.
세리: 아~?? 그거 뭔데?
표치수: 남조선에는 단묵도 없드? ㅎㅎㅎ
김무먹: 단묵은 달달한 묵 같은 과자입니다.
세리: 아~ 젤리같은 거? 별 거도 아닌 거 가지고 잘한 척하긴 … 묵…묵.. 묵사발~
표치수: 발발이차~
세리: 응? 그건 또 뭐야?
표치수: 발발이차는 택시를 말합니다. 생략~
세리: 차가버섯
주먹: 섯이면 이거는 끝나는 거 아닙니까?

S# 24는 리정혁의 집 마당에서 세리가 오중대 대원들과 조개구이를 안주로 해서 술을 마시던 중 표치수와 세리가 언어유희를 하는 장면이다. 이런 언어유희 장면을 통해 북한이 사용하는 일부 단어는 한국말과 차이가 있어서 남북한 사람들이 서로 못 알아듣는 경우가 종종 있다는 걸 알 수 있다. 즉 6·25 전쟁 후 한국과 북한이 오랫동안 단

절되었으므로 단어도 달라지고 가치관도 바뀌고 문화도 많이 변했다
는 사실을 보여주는 것이다.

언어유희는 한국어 학습 시간에 흥미를 많이 줄 수 있으며, 어휘량
도 많이 늘릴 수 있게 해 준다. 하지만 언어유희를 다룰 때는 재미로
만 끝나는 것이 아니라 학습자가 혼동하는 일이 없도록 어원까지 익
히게 하여야 할 것이다.

<표 8> 북한말, 한국말, 중국말의 대조표

북한말	한국말	중국말	북한말	한국말	중국말
구급소생실	응급실	急救室	가락지빵	도넛	甛甛圈
구멍탄	연탄	碳	도덕없다	싸가지 없다	沒礼貌
잊음증	건망증	健忘症	달리기 장사	원거리 무역	長途販運
손전화	핸드폰	手机	단묵	젤리	果凍
발발이차	택시	出租車	나릿옷	원피스	連衣裙
똑똑이 장사	방문판매	上門銷售	따기꾼	소매치기	小偸
허약	영양실조	虛弱	샴팡	샴페인	香檳
일없다	괜찮다	沒關系	근무교방	근무교체	換崗
진대나무	넘어지거나 쓰러진 나무	倒下的樹	쫄짱공사	지하수 펌프 공사	下水道工程
별의별	특별한 진급 기회	特殊晋升	돼지뜨물	돼지먹이로 사용하는 음식 찌꺼기	猪食
닭알쪽지	일종의 계란 쿠폰	鷄蛋購買券	생활제대	불명예 제대	生活退伍

빠다치기	배들이 공해상에서 만남	偸渡	김치움	겨울에 김장독과 다른 반찬감들을 넣어 두기 위하여 만든 움	泡菜窖
놀가지	체제를 이탈해 해외나 남한으로 빠져나가는 사람	逃兵	숙박검열	북한의 검열 중 하나,한밤중 동네 집들을 불시에 방문하여 조사하는 일	住宿突擊檢查

위 표는 「사랑의 불시착」에 나타나는 한국과 북한이 서로 모르는 단어들을 정리했다. 이는 외국인으로서의 한국어 학습자에게 아주 중요하고 흥미로운 학습자료이다. 중국어를 남·북한말과 대조하고 비교하면서 어원도 파악할 수 있다면 한국어 체계를 공부하는 데 아주 큰 도움이 된다고 생각한다.

③ 언어 예절

S# 41 존경어 9회
구승준: 그만 마셔요. 몇 잔째야?
서단: 내가 취한 것 같니? 이 쌔끼 어께 알았지? 이 새끼가~ 뭘 좀 아네~
구승준: 허~ 서단 씨 ~ 반말까지 아직 어색한데 갑자기 욕은 좀~
서단: 야~ 내 마음이야~

S# 35 반말 7회

서단의 어머니: 여기 인민 반장이 있다고 하던데 ...

옥금: 엄마~ 다짜고짜 반말합니다.

인민 반장: 난데~ 누구신가?

서단의 어머니: 어~ 나는 여기 전방부대 리정혁대위의 정혼녀의 엄마 되는 사람인데~ 여기 살림집(아파트)을 구할까 하는 말이지.

인민 반장: 안 되겠는데...

서단의 어머니: 왜 안 되는 건데?

(생략)

서단의 어머니: 그러고 나이도 나보다 한참 아래 같은 데 말이 왜 이렇게 짧아? 중략. 아니 암만 교양이 없어도 그렇지 진짜. 오마이가(oh, my god)네! 처음 보는 사람한테 카인드리(kandly) 못 될망정 이 애티튜드는 뭐야?

S# 36 반말 7회

서단: 기런 거 아닙니다. 방도 따로 잡았고 모든 걸 다 따로 따로. 그 여자랑 비밀업무 수행 중이란 말임다.

구승준: 고백은 받았고?

서단: 고백은?? 뭐~ 곧 결혼할 건데...

구승준: 이봐~ 이봐~ 내가 저번에 옥상에서 그랬지. 내가 가르칠 게 좀 있는 거 같다구~ 자 이런 말 냉정하게 들리겠지만 서단 씨랑 약혼자랑은 절대 설레기가 힘들어~

서단: 왜?

(생략)

서단: 그거이 뭐?

구승준: 갑자기 반말을? 아무튼 ~ 그 사람이 설레는 건 끝이 어떻게 될지 모를 때거든,

S# 41, S# 35, S# 36은 서단이 구승준과 함께 술을 먹다가 취해서 갑자기 존댓말 대신 반말로 얘기하는 장면이다. 한국에서는 물론이고 북한에서도 잘 알지 못하는 사람이나 친하지 않은 사람 사이에는 아무리 나이가 비슷해도 반말을 사용하지 않는 언어예절이 있다. 구승준은 서단과 나이가 비슷하지만 서로가 잘 아는 사이가 아니라서 반말하면 실례가 된다. 구승준이 서단에게 존댓말을 쓰니까 서단도 구승준

에게 존댓말을 써야 한다. 그러나 술에 취한 서단이 구승준에게 반말을 쓸 뿐만 아니라 '새끼'라는 욕까지 했으니 구승준이 상당히 당황해서 '반말까지 아직 어색한데 갑자기 욕은 좀…'이라고 말하는 것이다. '새끼'는 욕이긴 하나 친한 사람들끼리 친한 표시로 쓸 수도 있다. 그렇지만 서단과 구승준은 그렇게 친한 사이가 아니라서 구승준이 상당히 당황하고 놀란다.

예절은 자신의 몸과 마음을 바르게 하여 상대방을 존중하는 것이다. 한국말이나 북한말에는 높임말 체계가 잘 발달되어 있다. 이런 점에서 중국말과 큰 차이가 있다. 현대 중국어에는 '당신'을 나타내는 높임말 '您'밖에 없으므로 중국 학습자에게는 높임말과 반말 곧 경어법 체계를 배우기가 어렵다. 한국에는 회의와 같은 공적인 모임에 가거나 자기보다 나이가 많은 사람에게는 높임말을 사용하는 것이 일반적이다.

여기에 더하여 한국에는 인사예절이 있다. 인사는 존중의 의미를 담은 것으로 고개를 숙여서 예를 갖추는 행위이다.

반대로 서로 반말이나 비속어를 사용하는 경우가 있다. 이것은 친밀함의 표시이다. 할아버지와 손자 사이에 있어서 손자가 할아버지에게 반말을 사용하는 것은 예의가 없어서가 아니라 할아버지와 아주 가깝기 때문이다. 게다가 할아버지가 손자에게 비속어를 사용하는 것도 같은 맥락이다. 이러한 문화를 한국어 학습자가 오해하지 않도록 자세히 알려줄 필요가 있다.

지금까지 살펴본 바와 같이 드라마 「사랑의 불시착」에는 생활문화 요소에 의식주, 통신, 여가 생활, 회사 생활, 계절활동, 교통, 통과의례 등의 내용이 포함되어 있고, 언어문화 요소에는 호칭, 언어 표현, 언어 예절 등이 포함되어 있다. 이를 통해 한국의 식생활과 관련된 음식의 종류를 살펴볼 수 있고 한국의 식사 예절까지 이해할 수 있다. 또한, 한국의 다양한 주거 공간과 오락 활동을 이해하고 한국의 현대인들이 사용하는 언어를 파악할 수 있다.

제4장

트렌디 드라마를 활용한
행동문화 교육의 실제

트렌디드라마를 활용한 행동문화 교육의 실제

드라마 「사랑의 불시착」은 총 16회이고, 한 회당 방영 시간이 좀 다르지만 대략 70분 좌우이다. 드라마 전체를 보여 주는 것이 아니라 씬 속에 담겨져 있는 문화요소를 기준으로 삼아 난이도에 따라 한두 번 방영하여 수업한다. 대학 수업시간은 한 학기는 16주이고 1주는 100분 기준으로 한다.

PAD 교수·학습 모형은 시차를 둔 나누기(隔堂對分, 이하 시차로 나누기)이다. 중국 대학에서는 오전 1, 2교시는 8시부터 9시 50분까지이고 3, 4교시는 10:10분부터 12시까지다. 오후 5, 6교시는 14시부터 오후 15시 50분까지이고 7, 8교시는 16시 10분부터 18시까지다. 밤 9, 10교시는 19시부터 20시 50분까지다. 한 과목은 1시간에 50분 동안이지만 중간에 10분 쉬는 시간이 있으므로 총 100분이다. 여기서 말하는 시차로 나누기(隔堂對分)은 짝수 교시에 드라마 감상 전, 드라마 감상, 50분간 강의, 과제 부과, 일주일 동안의 문화요소 내면화 단계, 다시 강의 등으로 구성된다. 즉 드라마 감상 전과 감상 후는 같은 날 강의 시간을 갖는 것이 아니다.

드라마 감상 전		지난 수업시간에 배웠던 내용을 회고하기 (50분전 수업 내용)
		방영할 내용 추측하고 말하기 활동
		어휘나 문법 해석하기
		학습 문제를 제출하기

강의(presentation) 단계 - (50분)

드라마 감상	문화 경험 (학습자)	드라마 감상하기
		보면서 기록하기
		추측한 내용 맞는지 확인하기
		학습 문제지를 풀기
		교사가 과제를 내기

감상 후 1단계[1]	일주일 동안 문화 내면화 (학습자)	여러 번 드라마 감상하기
		문화 요소에 대한 생각과 느낌을 가지고 과제를 완성하기
		지정한 시일 내에 과제를 제출하기

강의 후의 내면화(discussion) 습득 단계 - (학습자가 자유로 정하기)

감상 후 2단계[2]	문화 비교와 올바른 태도를 기르기 (교사)	모둠별 토론하기
		문화 요소에 대해 그룹의 대표 발표하기
		비교를 통해 문화 차이를 인식하고 올바른 태도를 심어주기(교사 평가와 지도)

강의 시간 내에 내면화토론 (discussion)단계 - (50분)

<그림 12> 시차로 나누기 수업 모형

---

1) 강의 끝나고 나서 일주일 동안 과제를 하면서 가지는 문화에 대한 내면화 기간을 가리킨다.
2) 일주일 후에 같은 과목의 첫 교시를 가리키는 것이다. 예를 들자면, 1, 3, 5, 7교시를 말하는 것이다.

1. 교수 · 학습 과정안

(1) 강의 단계: (총 50분)

① 드라마 감상 전(30분)

첫째, 드라마 감상 전에 방영했던 드라마 내용을 회고하고 방영할 부분의 내용에 대해 추측하는 말하기 활동을 시도한다. 다음에 문제지를 돌리고 교사가 어휘와 문법을 해석한다. 드라마를 감상하기 전에 어휘와 문법을 설명하는 것은 학습자가 드라마 내용을 잘 이해하는 데 도움이 되고 걸림돌을 미리 제거하는 역할을 한다. 더군다나 한국문화를 잘 이해시키는 데 유익하다. 교사가 제출하는 문제를 문제지에서 분명하게 말 할 수 있으므로 초점 있게 드라마를 감상할 수 있게 된다. 학습문제를 가지고 드라마 씬을 보는 것은 아주 중요하다고 본다. 물론 질문하여 드라마 내용을 추측하는 방식도 진행할 수 있다. 예를 들어, 학습자에게 남자 주인공은 어떤 방식으로 여자 주인공에게 사랑한다는 뜻을 전할 것인가? 남자 주인공은 남녀 주인공 간의 오해를 어떻게 풀 것인가?(考考你)학습자가 느낀 점을 이야기하고 추측한 내용이 맞는지 드라마를 보고 나서 확인한다.

둘째, 드라마 방영 중의 주의사항을 미리 알려준다. 예를 들어, 드라마를 감상할 때는 교사가 중단시키지 않고 설명도 하지 않는다. 그리고 드라마 방영할 때 학습자가 가능하면 드라마에 대한 기록을 많이 해야 한다.

② 드라마 감상 (30분)

드라마 방영 도중에는 교사가 임시 중단시키지 않으며 설명도 하지 않는다. 그리고 학습자가 가능한 한 드라마에 대한 메시지를 기록하면서 학습 문제지 풀게 한다.

(2) 내면화 단계:

① 강의 후의 내면화 단계 (일주일 동안)

가: 강의가 끝나고 일주일 동안 문화에 대해 내면화 과정을 거치도록 한다. 문제지를 가지고 드라마를 다시 감상하면서 과제를 완성한다. 내면화 시간은 일주일 동안이라서 학습자가 자신의 시간대로 정할 수 있으며 충분한 시간을 가지고 보고 듣고 생각하며 느낄 수 있다. 따라서 좀 어렵고 낯선 과제를 풀기에 더 어울린다.

나: 과제를 제출하는 방식은 리포트뿐만 아니라 마인드맵으로 하는 것도 추천한다. 그리고 인터넷으로 검색해서 스스로 배우는 것도 중요하지만 창의력을 발휘해서 자신의 독특한 생각을 발표하고 문화 요소에 대한 이해와 태도 등을 밝히는 것을 더 추천한다(亮閃閃). 보통 다음 강의 시간 전에 학습자가 교사에게 과제를 제출한다. 교사가 다음 강의하기 전에 보고 다음 강의를 준비할 수 있도록 한다.

다: 자신이 방영된 부분의 문화 요소에 이해가 잘 안 되는 부분에/방영된 장면의 문화 요소에 대해 잘 이해되지 않는 부분을 질문한다. (幇幇我) 그리고 가장 재미있다고 생각하는 부분이나 인상이 제일 깊은 부분에 대해 다른 팀원에게 질문하도록/팀원들과 의견을 교환할 수

있도록 준비한다.(考考你)

② 강의 시간 내 내면화 토론 단계 (50분)

가: 교사가 학습자가 제출한 과제에 대해 피드백을 한다. 과제를 열심히 하는 학생에게는 칭찬을 해주고 독특한 관점을 제출한 과제를 학습자에게 보여줘서 조별 팀원이 모여서 토론할 때에 주제로 삼게 할 수 있다.

나: 모둠 별 토론을 한다. 교사가 한 질문에 대해 팀원들이 자기의 이해와 태도, 생각과 느낌, 한·중 문화의 차이점과 공통점, 앞으로 드라마의 발전 추세 등을 정리하여 발표하도록 한다(亮闪闪).

다: 모둠의 대표는 본인 조의 생각을 발표하(亮闪闪)고 이해가 잘 안 되는 부분에 대해 교사에게 질문하기도 한다(帮帮我).

라: 학생의 질문에 대해 교사가 설명을 해 주거나 다른 학습자에게 설명을 해 보라고 한다(考考你).

마: 교사가 방영된 내용이나 관련 문화 등에 대해 학습자에게 질문한다. 응답을 통해 학습자가 잘 이해하는지를 파악하고 피드백을 받는다. 그리고 비교를 통해 문화 차이를 인식하고 올바른 태도를 심어준다. 즉 교사가 문화와 태도에 대해 지도와 평가를 하는 것이다.

시차로 나누기의 내면화 시간이 일반적으로 일주일 동안 학습자가 자신의 시간대로 드라마 감상의 횟수나 내면화 시간의 길이를 마음대로 정할 수 있다. 그리고 본인의 생각과 느낌을 밝히느라고 인터넷으로 검색하기도 하고 책을 읽기도 한다. 즉 내면화 시간과 내면화 정도가 강하며 공부의 자주성과 창조성을 학습자에게 돌려준다. 따라서 중국 학습자에게 낯선 문화와 어려운 문화 항목에 있어서 시차로 나누기 방식으로 수업하는 것이 좋다고 본다.

2. 교수 · 학습 과정의 실제

이 책은 트렌드드라마 「사랑의 불시착」을 활용해 중국 대학교 한국어학과 2.3년 학습자에게 행동문화를 중심으로 한 과정안을 제시하고자 한다. 행동문화는 언어문화와 생활문화로 크게 나누므로 아래 과정안은 언어문화와 생활문화로 나누어 제안하고자 한다.

시차로 나누기는 크게 강의 단계와 내면화 단계로 구성하였다. 강의 단계는 드라마 감상 전과 드라마 감상으로 구성되고 내면화 단계는 감상 후 1과 감상 후 2단계로 나눈다. 드라마 감상 전은 도입 단계이고 감상은 전개 단계이며, 감상 후 1단계와 감상 후2단계는 내면화 단계에 해당된다.

수업을 총 100분으로 하고 2차시 수업을 진행하였다. 첫 수업은 50분을 하고 일주일 동안 학습자가 과제를 내고 내면화단계에 들어간다. 그다음에 일주일 후에 다시 수업 시간에 모둠별 토론, 발표 같은 내면화단계에 들어간다. 다음은 드라마 「사랑의 불시착」 제3회 중의 언어문화에 속하는 '비언어적인 의사소통'에 대한 수업 과정안이다.

유의해야 할 점은 드라마가 실제 생활에서 비롯되어서 현실과 유사하지만 완전히 일치한다고 착각하면 안 된다. 따라서 교사가 수업하기 전에 드라마의 이런 특성을 학생들에게도 공지해야 한다.

(1) 언어문화와 관련 수업 과정의 실제

비언어적인 의사소통 수업 과정안은 <부록 8>과 같이 제시하였다.

① 학습 목표

이 2교시의 학습 목표는 비언어적인 행동이 담는 의미 이해, 그리고 한·중 양국 비언어적 행동이 담은 의미의 차이점과 공통점을 파악하는 것이다.

② 수업 자료

수업자료는 학습자에게는 드라마 내용 이해를 위한 학습지 역할을 하고, 교사에게 매우 유용한 대본이다. 그리고 어휘와 문법을 잘 설명할 수 있도록 파워포인트 자료를 수업 전에 잘 준비해 놓아야 한다. 그리고 가능하면 드라마를 편집해서 방영하는 것이 더 좋다고 본다.

③ 도입

드라마 감상 전 단계로 중국 학습자에게 한국 드라마를 좋아하는지, 어떤 드라마를 제일 좋아하는지, 한국 배우 중에서 제일 누구를 제일 좋아하는지 등의 질문을 물어봐서 주의를 환기시키려고 한다. 그다음에 한국 드라마「사랑의 불시착」예고편을 본다는 것을 알려준다. 그는 학습자의 흥미를 유발하려는 역할이 있다.

한국 드라마를 좋아하는지 물어봤더니 다들 좋아한다고 하고 어떤 드라마를 제일 좋아하는지에 대한 응답은 「도깨비」, 「별에서 온 그대」, 「태양의 후예」, 「상속자들」 같은 트렌디드라마를 중심으로 얘기가 나온다. 제2장에서 분석했듯이 트렌디드라마는 홈드라마와 사극보다 20대 젊은 중국 학습자가 보편적으로 향유하는 한국의 대중문화다. 심지어 트렌디드라마를 좋아해서 한국어학과를 선택하는 자도 있다. 제일 좋아하는 한국 스타가 누군지에 대한 응답은 남자 스타는 이민호, 김수현, 현빈, 박보검 등이고 여자 스타는 송혜교, 송지효, IU, 전지현, 손예진 등이다. 여기까지 굉장히 드라마를 보여주기를 기대하는 분위기가 된다. 학습자가 교재를 가지고 문화수업하는 것을 거부하고 남다른 방식으로 문화수업을 기대된다는 뜻이다.

④ 전개

예고편을 이용해서 드라마의 스토리와 주요 내용이 어떻게 전개될지에 대해서 추측해서 말하기 활동을 실시한다. 예측한 내용이 맞는지 향후 드라마를 감상하면서 확인할 수 있다. 교사는 다음과 같은 질문을 통해서 학습자의 호기심을 한층 더 자극한다.

〈교사의 질문: 드라마 예고편을 감상 후〉

· 교: 드라마의 내용이 어떻게 될 것 같아요?
· 학: 재미있을 것 같아요./재미없을 것 같아요.
· 교: 왜 재미있다고 생각하세요?
　　왜 재미없다고 생각하세요?
· 교: 여자 주인공이 한국으로 돌아갈 수 있을 것 같아요?

- 학: 예, 갈 수 있을 것 같아요./ 아니요. 못 돌아갈 것 같아요.
- 교: 남녀 주인공의 사랑이 이루어질 수 있을까요?
- 학: 예, 이루어질 수 있을 것 같아요./ 이루어지지 못할 것 같아요.

예고편을 보고 나서 학습자가 상당히 기대되는 얼굴이다. 한류 톱스타 현빈과 손예진이 젊은이 층에게 굉장히 인기가 있다는 것을 다시 확인된다. 인기스타는 트렌디드라마에 대한 의미가 소홀히 하면 안 된다. 원래 수업에 잘 참여하지 않은 학습자도 적극적으로 시청하고 응답하게 된다. 이는 인기가 있는 한국 트렌디드라마가 중국 대학교 한국어학과의 학습자에게는 아주 매력적인 것이 입증된다.

다음으로 드라마 감상은 전체 드라마 「사랑의 불시착」을 감상하는 것이 아니라 한국 문화요소가 담겨 있는 씬을 봄으로 감상할 드라마 줄거리를 알뿐만 아니라 그 전의 줄거리도 알려줄 필요가 있다고 본다. 따라서 감상할 씬을 보기 전에 교사가 만든 학습지를 돌려 그 전의 드라마의 줄거리를 학습자와 같이 읽고 읽기활동을 실시하기도 좋다. 아니면 교사가 「사랑의 불시착」의 줄거리를 구술식으로 하고 학습자의 듣기활동을 할 수 있도록 한다. 다면 듣기활동을 시도하려면 줄거리 소개에 학습자가 모르는 단어와 문법이 많으면 안 된다. 왜냐하면 학습자의 불안과 초조함을 일으킬 수 있기 때문이다. 교사가 학습자의 한국어실력이 어느 정도인지를 잘 알아야 하고 선택된 드라마가 학습자에게 적당하는지를 충분히 고려하고 판단해야 한다. 아래는 읽기활동을 시도한 것이다.

〈줄거리〉

대한민국 최고 재벌 퀸즈 그룹의 막내딸이자 스스로 일군 패션뷰티 사업으로 승승장구하고 있는 윤세리(손예진)는 퀸즈그룹 대표인 아빠가 자신의 기업을 세리에게 물려주겠다고 한다. 그 다음에 세리양은 의류 신제품을 테스트하려고 패러글라이딩 수트를 착용하고 산 정상에 오르는데 강풍에 휩쓸려 날아가는 세리가 눈을 떴을 땐 대한민국이 아니라 한국과 조선의 비무장지대 한계선에 있다. 리정혁(현빈)은 강풍에 날아온 세리를 만났다. 리정혁은 길을 잘못 찾아 북한마을로 오게 된 세리 앞에 잔인한 조철강의 차가 지나기 직전에 그녀를 구해 줬다. 두 사람은 또 만나게 되었다.

갑자기 정혁의 세상에 떨어진 세리가 리정혁 집에서 살게 되었다. 북한 생활 모습이 신기한 세리에게 <u>소금통, 김치움, 목욕주머니</u> 등이 등장하고 <u>정전의 사택마을의 모습이 그려진다.</u> 정혁은 도굴꾼들의 죽음에 대한 조사를 위해 평양으로 올라가게 된다. 세리가 혼자 남겨져 집 수색해서 세리가 조철강에게 끌려나왔을 때 리정혁이 도착하고 "지금 뭐하시는 겁니까? 제 약혼녀에게?" 그렇게 또 한 번 세리를 살려준다. 세리의 말투가 북한 말투가 아니라서 다들 이상하게 생각할 때 정혁이 자기 약혼녀는 11과대상이라고 둘러댄다.

줄거리의 길이는 드라마 내용을 간단하게 소개하되 감상할 드라마의 내용과 잘 이어질 수 있도록 하면 된다. 줄거리가 너무 길면 시간도 낭비하고 드라마 흥미도 줄어줄 수 있다. 줄거리가 너무 짧으면 드라마의 중요한 내용을 알지 못한 채 뒤의 내용을 잘 이해하지 못할 수 있다. 따라서 줄거리 소개의 길이는 어느 정도인지 교사가 잘 판단해서 정리해야 한다.

그리고 교사가 학습자가 줄거리 내용을 제대로 이해했는지 확인하려면 줄거리 내용에 대해 순서대로 질문하는 것이 중요하다. 순서대로 질문하면 학습자가 자연스럽게 줄거리를 정리하게 되고, 아직 감상하지 못하지만 중요한 스토리를 놓치지 않아 잠시 후 감상할 드라마 내용을 잘 이해하도록 연결하는 역할을 해 준다.

〈교사의 질문〉

- 교: 윤세리는 누구예요?
- 학: 대한민국 최고 재벌 퀸즈 그룹의 막내딸이자 패션뷰티를 운영하는 여성이다. 그리고 대한민국 최고 재벌 퀸즈 그룹의 후계자가 될 사람이다.
- 교: 세리양은 의류 신제품을 테스트하려고 사고가 났는데 눈을 떠 보니 어디에 있어요?
- 학: 대한민국이 아니라 한국과 조선의 비무장지대 한계선에 있었다.
- 교: 길을 잘못 찾아 북한 마을로 오게 된 세리는 누구의 집에서 살게 되었어요?
- 학: 리정혁 집에서 살게 되었다.
- 교: 집에 혼자 남겨진 세리는 집 수색을 당해서 조철강에게 끌려나왔을 때 리정혁이 뭐라고 해서 세리를 구해줬어요?
- 학: 제 약혼녀에게 뭐하시는 겁니까?
- 교: 세리의 말투가 북한 말투가 아니라서 정혁이 자기 약혼녀는 무엇이라고 둘러댔어요?
- 학: 11과대상이라고 둘러댔다.

줄거리 읽기활동을 통해 학습자에게 드라마의 줄거리를 간단히 소개하고 감상할 부분의 내용도 잘 이해할 수 있도록 도움을 준다. 그리고 감상하기 전에 학습지에 <표 9>처럼 어휘 목록을 만들어 잘 모르는 어휘를 모국어로 쓰도록 지도를 한다. 모르는 어휘 문제를 풀어야

드라마의 내용이나 의미를 잘 알 수 있고 이해할 수 있게 걸림돌을 제거하듯이 중요하다. 어휘에 대한 궁금증이 줄어야 안심하고 내용에 집중하는 경향이 있다고 한다(반경희, 2017). 어휘 목록의 분량은 학습자가 모르는 어휘만큼 제시하고 수업 후에도 복습하기가 가능하다. 그리고 교사가 중요한 단어를 관용형이나 구절을 만들어 잘 이해할 수 있도록 노력한다.

중국 학습자가 단어 '일없다'에 대해 관심이 많았다. 왜냐하면 '일없다'의 뜻은 한국의 '괜찮다'와 뜻이 똑같지만 형식에 있어서 다르다. 그러나 '일없다'는 중국의 '괜찮다'의 뜻뿐만 아니라 형식에도 '沒關系, 沒事儿'로 일치한다. 다시 말하면 북한말 속에는 중국어로부터 영향을 받는 단어가 있다. 이런 말들은 중국 학습자에게 친숙하기도 하고 재미있기도 한다. 이런 유인으로 북한말에 대한 관심을 많이 보인다고 판단된다.

<표 9> 비언어적인 의사소통 학습지 속의 어휘와 문법 목록

어휘	중국어	예문(한국어)
만지다	觸摸	건드리다. 거울을 보고 머리를 ( ).
차를 끌다	開車	내가 화장실에 간 사이에 견인차가 내 ( )고 가 버렸다.
몰려오다	涌過來	바람이 불고 먹구름이 ( ).
세단	轎車	레드카펫 초입에서 ( )을 타고 등장하였다.
일없다	沒關系	괜찮다. (북한 사투리) 사건이 마무리되어 이제는 ( ).
깜깜하다	黑, 漆黑	어둡다. 오늘 밤은 달빛이 없어서 사방이 온통 ( ).
박히다	銘記, 扎	손바닥에 못이 ( ).
산발	披頭散發	그녀는 머리를 ( )한 채 문밖으로 뛰어나왔다.
부류	分類, 种類	육지에서 사는 생물을 ( )에 따라 나누어 본다.
묻다	粘, 問	손에 기름이 ( ).

		모르는 것이 있으면 선생님에게 (　　　).
눌러붙다	黏上	물부터 넣으면 계량컵에 설탕이 (　　　)어요.
타입	類型	그녀는 좀처럼 남에게 기대려 하지 않는 독립적인 (　　　)이었다
가만히 있다	安靜, 一動不動	그저 집안에서 꼼짝달싹 않고 (　　　).
길래: 即"기에", 古語体, 表示原因或根据的連接語尾. '-기에(원인이나 근거를 나타내는 연결 어미)'를 구어적으로 이르는 말. 맛있어 보이길래 너 주려고 사 왔다. 看着味道不錯的樣子, 就想買來送你。			
비언어적인 의사소통이란 음성언어에 수반되는 억양, 목소리, 어조 등과 같은 준언어적인 요소를 제외한 시각적으로 유의미한 모든 의사소통을 말한다.(黃晶民, 2012)			

전개 단계는 드라마 감상단계를 말하는 것이다. 시차로 나누기(隔堂對分)는 10분 정도 드라마 씬을 감상하면서 <부록 9>의 문제를 푸는 것이다. 아래와 같은 듣기활동은 주로 새롭게 배운 단어들로 빈 칸을 채우는 것이다. 듣기를 훈련하고 새롭게 배운 단어도 다시 확인하는 것이다. 그다음에 교사가 푸는 문제의 답안이 맞는지 학습자와 말하기 활동 등 같은 의사소통을 통해 확인한다. 학습자가 학습지 내용을 풀면서 드라마 장면을 잘 이해했는지, 어느 정도 이해했는지를 확인할 수 있고 문화 요소를 담겨 있는 장면에 대한 이해나 느낌, 생각 등 같은 태도도 체크할 수 있다.

모르는 단어를 학습자에게 미리 알려주기 때문에 거의 예외 없이 정답을 맞혔다. 빈 칸 채우기는 학습자에게 가장 쉬웠던 것이다. 따라서 학습자의 수준을 잘 알고 어휘정리가 잘해야 문장을 제대로 파악할 수 있어서 어휘정리 작업이 아주 중요하다고 본다.

질문 4개에 대한 응답은 1번이 제일 쉬웠다. 문장 안에서 이유를 찾을 수 있으니 어렵지 않게 해결했다. 질문 4개 중에 제일 재미있고 학습자 간의 역동적인 활동은 4번 질문이다. 누가 리정혁을 맡는지 세리를 맡는지에 대한 결정은 '가위, 바위, 보'로 결정하는 팀도 있다. 대본을 읽고 비언어적인 의사소통하는 역할극을 통해 수입 분위기가 아주 활발해지고 재미있게 된다. 교실 안에서는 즐겁게 터지는 웃음소리가 여기저기 일어났다. 질문 4개 중에 제일 어려운 것은 2번이다. 특히 세리가 한번 보고 말 사람에 대한 태도는 어떤 의미가 담겨있는지 답이 많았다. 어떤 학습자가 세리가 승부욕이 강해서 그렇다고 하고 어떤 학습자가 세리가 자기 이미지 관리에 관심이 많다. 어떤 학습자가 세리가 재벌의 딸로서 귀하게 자랐으니까 지적을 받는 얘기를 못 듣는다든지 자기의 미모에 대한 자존심이든지 말들이 많다. 이 질문은 사람의 가치관, 태도 깊은 문화요소에 대한 분석을 통해 다른 문화권에 속하는지를 깊이 알아두는 것이다. 예전에 한국의 문화지식을 많이 학습했지만 가치관, 세계관 같은 깊은 문화요소를 학습하기가 거의 없어서 의사소통 훈련을 더 많이 받아야 한다.

1차 수업 끝나기 전에 「사랑의 불시착」의 줄거리와 배웠던 어휘와 문법, 그리고 비언어적인 의사소통 씬을 간단히 정리하도록 한다. 그 다음에 숙제를 내는 것이다. 숙제하는 과정은 아주 중요한 내면화 단계이다. 일주일 동안에 교사가 강의했던 것들을 복습하고 모르는 것이 있으면 팀원과 상의하거나 인터넷으로 검색해 자신의 생각이나 태도 등을 찾는 것이다.

• 내면화 습득 단계: 드라마 감사 후 1단계 (일주일 동안)[3]

수업하기 전에 한국인의 비언어적인 의사소통에 대한 응답은 20명 중에 17명(85%)이 잘 모른다고 했다. 남은 3명(15%)은 다 한국 드라마를 통해 한국인이 화가 날 때 찬물을 마신다는 비언어적인 의사소통을 안다고 응답했다. 그러므로 비언어적인 의사소통은 중국 한국어교육에 있어서 소홀히 했던 것이라고 다시 입증되었고 드라마의 교육적인 가치도 재확인되었다.

<부록 10> 장면을 보고 물음에 답하십시오. 이것은 일주일동안의 과제이다. 아주 중요한 내면화 습득 단계이다.

• 내면화 토론단계: 드라마 감상 후 2단계 (총 50분)

가. 모둠별 토론하기 (20분)

1) 팀원 앞에서 교사가 제출한 질문에 대한 답을 자기가 밝힌다.(亮閃閃)
2) 자신이 비언어적 의사소통에 대해 인상이 제일 깊은 부분이나 가장 재미있다고 생각하는 부분을 다른 팀원에게 질문한다.(考考你)
3) 자신이 잘 모르는 것은 다른 팀원에게 도움을 청한다.(帮帮我)
4) 팀원이 다 같이 합력하여 비언어적 의사소통에 대한 이해와 태도, 한·중 양국 비언어적 의사소통의 차이점과 공통점을 정리하여 발표하도록 한다. 그리고 교사가 제출한 질문에 대해 팀원들이 일치한 대답을 할 수 있도록 노력한다.

---

3) 이 표 안에 그림은 전체 제3회 화면 캡처이다.

나. 팀장 진술하기 (15분)

1) 모둠별로 토론한 다음에 각 조별이 대표를 뽑아 팀원의 생각을 발표하도록 한다.(亮제例)

2) 팀장이 발표할 때 다른 팀원이 두 명 협력하여 비언어적인 의사소통 예시를 한다.

3) 발표가 끝난 후에 교사가 질문하며 질의응답을 실시한다. 이 과정은 모둠별의 문제점을 물어보고 팀장이 대답을 한다.

다. 교사 평가와 지도 (10분)

1) 교사는 조별의 대표가 발표한 것에 대해 간단히 평가를 해 주고 질문이 있으면 또 물어보기도 한다.

2) 비언어적인 의사소통에 관한 지식을 자세히 설명하고 한·중 비교를 통해 문화 차이를 정확히 인식하고 올바른 태도를 심어준다. 문화 갈등, 문화로 인한 오해를 예방 방법을 제공해 주기도 한다.

모둠별 토론하기 단계에는 학습자마다 상당히 적극적으로 참여했다. 처음에 토론 단계에 대해 걱정을 많이 했다. 왜냐하면 중국 학습자가 전통적이고 수동적인 강의방식이 더 익숙하기 때문이다. 트렌디드라마를 좋아하니까 관심이 있고 일주일 동안의 내면화 단계를 걸쳐서 능동적으로 여러 방법을 통해 자신의 생각이나 태도가 생겨 자신의 주장을 밝히는 것은 부담 없이 할 수 있다고 생각된다. 즉 개성 있는 젊은 세대로서 준비가 된다면 자신의 관점을 남 앞에서 밝히는 것은 싫지 않다.

⑤ 마무리

비언어적 의사소통에 대한 문화 내용을 정리하면서 한국문화에 대한 올바른 태도를 지도한다. 그리고 다음과 같이 과제를 낸다.

> **과제:**
> 한·중 양국은 비언어적 의사소통에 있어서 오해하기가 쉬운 것이 있나요? 있으면 정리하십시오.

PAD 교수·학습 모형을 바탕으로 트렌디드라마 「사랑의 불시착」을 활용한 소감은 아래와 같다.

첫째, PAD 교수·학습 모형을 인입하여 학습자가 내면화 단계를 걸쳐 자기의 생각과 태도가 생길 뿐만 아니라 자신도 생겼으니 적극적으로 수업에 참여하게 된다. 둘째, 학습자가 일주일 동안에 내면화 단계를 걸쳐 숙제한 것을 봐 기대했던 것보다 훨씬 더 좋았다. 셋째, 중국에서 인기가 있는 트렌디드라마가 한국어 학습자에게 문화교육 가치를 확인한다. 넷째, 중국 학습자가 북한에 대한 관심이 많아 보인다. 지리상 중국과 인접되어 있고 한국말과 비슷한 말을 사용되고 있지만 한국어학과의 학습자로서 북한에 대해 아는 것이 적어 궁금해진다. 그러므로 넓은 시야를 배양해 한반도 상황을 잘 아는 인재를 키우기 위해 교과과정에 북한과 관련된 지식도 넣어야 한다.

(2) 생활문화와 관련 수업 과정의 실제

한민족의 술문화 수업 과정안은 <부록 11>과 같이 제시하였다.

① 학습 목표

학습 목표는 한민족이 술에 대한 태도, 술 먹는 금기와 예의 등 의 술문화에 대한 이해 그리고 한·중 양국 술문화 비교를 통해 공통점과 차이점을 파악하고 한국인과 술을 마실 때의 주의사항을 도출한다. 심지어, 일반적인 한국인이 중국 술에 대한 인식도 파악한다.

② 수업 자료

수업자료는 학습자에게 드라마 내용 이해를 위한 학습지와 교사에게 필요한 대본이다. 그리고 어휘와 문법을 잘 설명할 수 있도록 파워포인트 자료를 수업 전에 잘 준비해 놓아야 한다. 그리고 드라마의 여러 씬을 봐야 하니 편집해서 방영하는 것이 더 좋다. 편집할 때 쉬운 것에서 어려운 것까지 하는 순서도 아주 중요하다. 이는 학습자에게 이해하기가 편하므로 좋다.

③ 도입

드라마 감상 전 단계로 교사는 중국 학습자에게 한국인과 술을 같이 먹어본 적이 있는지 물어보고 같이 술을 마실 때 주의사항이 있는지도 물어봐 주의를 환기시키려고 한다. 한국 유행어인 치맥은 중국 학습자에게는 별로 생소하지 않겠지만 탈맥이란 어휘는 처음으로 물어보는 것으로 예측한다. 따라서 탈맥은 치맥처럼 유행어인데 탈은 무엇인지 학습자에게 물어본다. 이는 학습자의 흥미를 충분히 유발시킬 수 있다고 본다.

〈교사의 질문: 탈맥〉

- 교: 여러분, 한국인과 술을 마셔 본 적이 있어요?
- 학: 예, 마셔 본 적이 있어요./ 아니오, 마셔 본 적이 없어요.
- 교: 한국인과 같이 술을 마실 때 안주로 뭘 먹었는지 기억하세요?
- 학: 땅콩, 치킨, 과자, 오징어 등…
- 교: 치맥이란 단어를 들어본 적이 있지요?
- 학: 예~
- 교: 치맥은 뭐가 줄인 말입니까?
- 학: 치킨과 맥주의 줄인 말입니다.
- 교: 그럼, 혹시 탈맥이란 말을 들어본 적이 있습니까?
- 학: 아니오, 들어 본 적이 없어요. (북한 유행어에 대해 모를 것입니다)
- 교: 그럼 탈맥은 뭔지 한번 맞춰보세요?
- 학: 맥주와 탈 …. (모를 겁니다)
- 교: 그럼 우리가 이 질문을 가지고 다 같이 드라마를 볼까요?
- 학: 예~

한국인과 술을 마셔 본 적이 있는지에 대한 응답이 16명 중에 4명 (25%)밖에 안 되었다는 사실에 놀랐다. 중국 한국어 학습자의 언어 학습환경이 별로 좋지 않다고 보인다. 그리고 치맥이란 단어를 아는지 물어봤더니 학습자가 다 안다고 대답하였다. 어떻게 알게 되었느냐고 했더니 트렌디드라마 「별에서 온 그대」를 보고 알게 되었다고 한다. 이 드라마가 중국에서도 아주 유명했기 때문이다. 드라마의 독특한 전파력과 한국 문화의 독특성으로 인한 매력이 한국 문화교육에 있어서 아주 중요한 역할을 하고 있다.

탈맥은 북한의 유행어라서 아는 사람이 한명도 없이 예상했던 것과 다를 바가 없다. 모르기 때문에 궁금증이 생겨 알고 싶어져 흥미를 잘 유발시켰다.

④ 전개

교사가 줄거리를 소개하는 식으로 하고 학습자가 듣기를 훈련시킬 수 있도록 한다. 그리고 학습자에게 학습지를 돌리고 줄거리 원본을 보여주고 학습자가 직접 확인할 수 있다. 학습지에 학습자가 잘 모르는 어휘와 문법을 정리하여 이해하기가 어려운 것이 있으면 교사가 중국말로 설명한다.

줄거리 소개는 아직 보여 주지 못한 부분의 내용은 감상할 드라마의 내용과 잘 이해시킬 수 있도록 중요한 역할하나. 교사가 잘 판단해서 정리해야 한다. 교사가 순서대로 질문하면 학습자가 자연스럽게 줄거리를 정리하게 되고 감상하지 못했지만 중요한 스토리를 놓치지 않아 향후 감상할 드라마 내용을 잘 이해하도록 연결하는 역할을 한다. 단어와 문법을 잘 이해하기 위해 빈칸을 채우라는 식으로 대본을 활용해 학습자에게 초점 있게 드라마를 감상한다.

〈줄거리〉

밀항으로 세리를 남으로 보내려고 했는데 들킬 위기에 '약혼녀 위장전술'을 썼다. 평양 최고의 '맵짠녀'이자 정혁의 진짜 약혼녀 서단(서지혜)은 정혁과의 관계를 담판 짓기 위해 평양으로 돌아왔다.

남으로 가는 걸 실패하고 대좌동지 부인 영애의 생일잔치에 가게 된

세리는 뛰어난 기지를 펼쳐 마을 아줌마들의 마음을 사로잡았다. 그날 밤에 중대원들이 리정혁 집마당에서 조개불구이 술잔치를 벌여졌다. 정혁을 찾아가던 중 택시가 고장 나 난감한 서단 앞에 승준(김정현)이 나타나 사택마을에 태워줬다.

리정혁의 진짜 약혼녀인 서단으로 인해 곤란해 보이는 정혁과 세리&서단의 삼자대면에 사택마을은 한바탕 뒤집어진다. 영애를 비롯한 여인들은 세리를 위로해 주기 위해 탈맥을 들고 리정혁의 집에 간다. 그녀를 남한으로 돌려보내 여권 사진을 찍기 위해 리정혁과 세리도 평양으로 향한다. 무사히 호텔에 도착해서 사진을 찍고 나온 세리는 호텔에서 구승준을 만나게 된다.

세리의 둘째 오빠인 윤세형의 돈을 떼어먹고 날은 구승준에게는 세리라는 히든카드가 손에 쥐어져요. 구승군은 세리라는 히든카드를 놓고 윤세형과 거래를 한다. 공항으로 보내 박광범과 함께 출발한 윤세리. 위협하는 트럭부대를 보면서 그들을 구하려 달려오는 리정혁이 다행히 윤세리는 목숨을 구하게 되는 대신에 자신이 총을 맞았다.

줄거리를 서술할 때 천천히 해야 했고, 어려운 부분은 두 번이나 설명해 주었다. 그래도 반 정도의 학습자가 잘 못 들은 것 같은 느낌이 있었다. 듣기는 읽기보다 어려워서 원본은 학습지에 적어 놓았다.

교사는 다음과 같은 질문을 통해서 학습자가 줄거리에 대해 얼마나 이해했는지를 체크하는 것이다.

〈교사의 질문〉

· 교: 리정혁의 진짜 약혼녀는 누구예요?
· 학: 서단입니다.
· 교: 사택마을의 여자들은 세리를 위로해 주려고 뭘 들고 리정혁 집에

> 갔어요?
> · 학: 탈맥을 들고 갔습니다.
> · 교: 세리 씨는 리정혁과 왜 평양으로 갑니까?
> · 학: 여권사진을 찍기 위해 평양으로 갑니다.
> · 교: 윤세형은 윤세리와 무슨 관계입니까?
> · 학: 세리의 둘째 오빠입니다.
> · 교: 윤세형은 왜 구승준을 잡고 싶습니까?
> · 학: 구승준은 윤세형의 돈을 떼어먹고 날았기 때문입니다.

학습자가 별로 어려움이 없이 정답을 말했다. 줄거리의 난이도가 학습자의 수준에 타당하다고 본다.

감상하기 전에 학습지에 <표 10> 어휘 목록을 만들어 중국어로 설명하도록 한다. 모르는 어휘 문제를 걸림돌을 제거하듯이 풀어야 볼 드라마의 내용을 잘 알 수 있어 아주 중요한 작업이다.

<표 10> 술문화 학습지 속의 어휘와 문법 목록

어휘	중국어	예문(한국어)
핸드 드립커피	手磨咖啡	예문: 커피콩을 드립해서 만든 것이 (　　　)라고 한다.
숙취	醉酒	빈속에 급히 마셔서 그런지 다른 때보다 (　　)가 심하다.
속 풀린다	解酒	해장국을 한 그릇 먹었더니 확 (　　)는 것 같다.
개기다	挿嘴, 頂嘴	(　　)지 말고 제대로 해라.
찰떡궁합	天生一對	그 부부는 그렇게 (　)는데 어떻게 이혼을 할 수가 있지?
미성년자	未成年人	(　　)에게 술과 담배를 파는 행위는 법에 위반되는 것이다.
정략결혼	銘記, 扎	왕실의 결혼은 철저한 손익 계산에 따른(　　　)이었다.
따다	開, 摘	병따개로 병뚜껑을 (　　). 하늘의 별(　　).

술을 따르다	倒酒	술잔에 술을 ( ).
두근거리다	心跳	가슴이 방망이질하듯 몹시 ( ).
생쇼	作秀, 荒唐的事	더워. 지금 ( )하고 있어요, 진짜 장난 아니야

문법 설명:

다니까: 用于体词谓词形和 "아니다", 前面不能加时制词缀. 表示对方不知该事情略有不满, 并 再次叙述该事.

예를 들어:

내일은 바빠서 거기에 못 간다니까.

不是說了嗎, 明天忙去不了那里。

우리 둘은 애인이 아니라니까.

我都說了, 我們不是戀人。

드라마의 씬을 감상하고 학습자가 드라마를 감상하면서 푸는 문제의 정답을 확인한다. 학습자가 드라마 장면을 어느 정도 이해했는지를 확인하기 위해 대본을 활용해 문제지를 만들었다. 질문을 통해 문화 요소를 담겨 있는 장면에 대한 느낌, 생각 등 같은 태도를 체크할 수 있다.

수업 끝나기 전에 「사랑의 불시착」의 줄거리와 배웠던 어휘와 문법, 술문화 씬을 간단히 정리하도록 하고 과제를 낸다. <부록 12>와 같이 정리하였다.

학습자가 치맥에 대해 잘 아니까 1번 질문에 한결같이 정답을 말했다. 북한의 유행어 탈맥을 잘 몰라서 이 장면을 2번을 방영했다. 이럴 때는 대부분의 학습자가 속상할 때 말하고 일부분 학습자가 화가 날 때라고 했다. 화가 날 때라는 학습자가 "얼마나 상심이 큽니까?"라는 말을 잘 이해하지 못해서 그런 것이다. 3번 질문은 미성년자이면 안 된다고 대답했다. 4번 질문은 학습자가 한국에서 술을 자신에게 술을 따르지 않은 풍습이 있다고 얘기했다. 그리고 이런 문화 지식은 언어 수업에 들었다. 이는 한국 술문화에 대한 기본적인 지식을 다른 언어 수업에 단편적으로 배웠다.

• 내면화 습득 단계: 드라마 감상 후 1단계 (일부일 동안)

교사가 학습자를 스스로 내면화시키기 위해서 <부록 13>[4)와 같은 과제를 낸다. 학습자가 일주일 동안 자신이 내면화 시간을 정한다. 드라마 씬을 보고 난 후에 단어와 문법을 복습하고 인터넷으로 자료를 찾아 숙제를 풀어내는 것이다. 이 단계는 아주 중요한 단계이다. 왜냐하면 배웠던 것을 복습하고 잘 모르는 것이 있으면 책이나 인터넷으로 여러 방법을 찾아 자신의 답을 만드는 것이다. 문화 지식을 알 뿐만 아니라 자신의 판단과 이유가 들어 있으므로 재창조라고 해도 과언이 아니다.

많은 질문 중에서 폭탄주에 대한 얘기가 제일 인상적이다. 학습자 1명은 중국에서 폭탄주식으로 술을 먹는 문화가 없어서 자신이 이해할 수 없다고 해서 슈퍼에 가서 한국의 소주를 사서 직접 폭탄주를 만들었다는 답이 나왔다. 이는 문화 차이로 이해하지 못한 부분에 대해 직접 문화 체험으로 궁금증을 풀고 싶은 마음이 생긴 것은 그만큼 상대방 문화에 대한 관심이 있다는 것이다. 폭탄주가 탄생 이유로 한국인의 성격이 급하다든지 한국인 시간 개념이 강하다든지 얘기가 많이

---

4) 이 표 속에 그림은 전체 제3회 화면 캡처이다.

나왔다.

• 내면화 토론단계: 드라마 감상 후 2단계: (총 50분)

가. 모둠별 토론하기 (25분)

1) 팀원마다 교사가 제출한 질문에 대한 답을 밝힌다.(亮闪闪)

2) 자신이 술문화에 대해 인상이 제일 깊은 부분이나 가장 재미있다고 생각하는 부분을 다른 팀원에게 질문한다.(考考你)

3) 자신이 잘 모르는 것은 다른 팀원에게 도움을 청한다.(帮帮我)

4) 팀원이 다 같이 합력하여 한국의 술문화 중에 주도, 주의사항, 술 먹는 금기 그리고 술을 유행하게 먹는 법 등을 토론한다. 그리고 한민족 술문화에 대한 이해와 태도, 한·중 양국의 차이점과 공통점을 정리하여 발표하도록 한다. 교사가 제출한 질문에 대해 팀원들이 일치한 대답을 할 수 있도록 노력한다.

나. 팀장 진술하기 (20분)

1) 각 조별이 대표를 뽑아 팀원의 생각을 발표하도록 한다.(亮闪闪)

2) 교사가 팀장의 발표를 듣고 나서 질의응답을 실시한다. 이 과정은 모둠별의 문제점을 물어보고 팀장이 대답을 한다.

다. 교사 평가와 지도 (5분)

1) 교사는 발표한 것에 대해 간단히 평가를 해 준다. 한민족의 술문화에 사회적인 배경이나 민족 특성을 말하고 올바른 태도를 학습자에게 심어준다.

2) 한·중 술문화 비교를 통해 문화 차이를 정확히 인식하고 한국인이나 한국 사회에 대한 이해를 더욱더 시킬 수 있다. 술문화 차이로 인한 오해를 예방 방법을 제공해 주기도 한다.

⑤ 마무리

술문화 내용을 정리하면서 한국 술문화에 대한 올바른 태도를 밝힌다. 그리고 다음과 같이 과제를 낸다.

> **과제:**
> 1. 친구와 같이 한국의 술문화를 따라 술을 마시세요.
> 2. 자신의 아버지와 같이 한국의 술문화를 따라 술을 마시세요.
>
> 주의사항: 한국에는 친구나 웃어른과 술을 먹을 때 행동이 다르다.

한국 술문화에 대한 지식을 이미 언어수업에서 배웠지만 술문화와 관련된 사교문화나 한국인의 성격, 중국 술에 대한 태도 등 것들을 언급하지 않고 잘 모른다고 했다. 다시 말하면 한국 술문화와 관련되는 깊은 태도나 중국 술문화 비교 등 체계적이고 깊이 언급해 본 적이 없었다.

외국어로서의 한국어를 배우는 학습자들은 이미 자국문화에 대한 지식을 바탕으로 문화 이해의 틀을 가지고 있다. 이런 학습자들에게 한국문화 교육은 보다 잘 이해할 수 있거나 선호하는 방식을 제공되어야 한다. 한국어를 교육할 때 학습자에게 한국문화 이해만을 강조하면 안 되고 학습자 자국의 문화를 더 이해할 수 있도록 노력하고 문화 간 이해 증진에 초점을 맞추어야 한다.

3. 교수·학습의 효과

(1) 학생용 설문지 분석

① 실험 대상 구성

트렌디 드라마 「사랑의 불시착」을 활용해 문화교육의 효과를 살펴보기 위해 2021년 3월 16일부터 4월 21일까지 칭다오이공대학교, 수인대학교, 길림외국어대학교, 시안외사학원, 북서번역학원에서 실험 수업을 진행했다. 참여 학습자가 총 99명이며, 학년별 구성은 2학년 15명(15.2%), 3학년 84명(84.8%)이다.[5) 교사용 설문지와 학생용 설문지로 나누어 부록에 싣는다.

조사 대상자의 성별은 남성이 8명(8.1%), 여성이 91명(91.9%)이었다. 나이는 전부 다 20대이다. 한국어 학습 목적은 드라마를 제외하는 한국 대중문화(음악, 노래, 스타)는 31명(31.3%)으로 가장 비율이 높았고, 한국 언어를 좋아하는 대상자는 27명(27.3%), 한국 드라마를 좋아하는 대상자는 22명(22.2%), 마지막으로 다른 전공을 선택할 여지가 없는 이유는 19명(19.2%)이다. 진학을 목표로 삼는 대상자는 41명(41.4%)으로 가장

---

5) 칭다오이공대학교 2학년 학습자 15명, 3학년 학습자 19 명,수인대학교 3학년 학습자 23명, 길림외국어대학교 3학년 학습자 21명, 시안외사학원 3학년 학습자 10명, 시안번역학원 3학년 학습자 11명이다.

많았고, 한국과 관련이 있는 중국 기업이나 회사는 29명(29.3), 중국 정부의 공무원은 9명(9.1%), 한국 기업 또는 한·중 합자기업은 15명(15.2%), 기타는 5명(5.1%)이 있다.

설문문항은 폐쇄형 문항과 개방형 문항으로 구성하였다. 설문지는 <표 11>과 같이 설문 참여자의 기본적인 정보, 한국문화에 대한 학습 현황, 트렌디드라마 「사랑의 불시착」을 활용한 문화교육 효과 검증 등 세 부분으로 구성된다.

<표 11> 학습자 설문 조사 내용

질문 영역	문항 내용
참여자 기본적인 정보	성별, 나이, 한국어 학과 선택한 이유, 취업 목표
한국문화에 대한 인식과 학습 현황	한국문화 학습의 중요성 한국문화를 대표하는 요소 한국문화 학습 방법 및 효과 한국문화 교육에 만족도
트렌디드라마 「사랑의 불시착」과 PAD 교수·학습 모형을 통해 문화교육 효과 검증	한국문화 교육에 도움이 있는지 한국문화 교육에 어떤 면에서 효과적이다 드라마와 PAD 교수·학습 모형의 효과

② 실험 결과 분석

한국문화를 학습하는 것이 중요하다고 생각하는지에 대한 응답은 <그림 13>에서 알 수 있듯이 '중요하다'가 85명(85.9%)으로 '중요하지 않다'의 14명(14.1%)보다 압도적으로 많았다. 이는 학습자가 한국 문화 교육이 중요하다는 의식을 이미 가지고 있다.

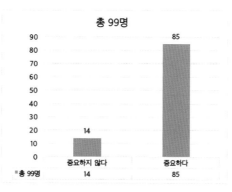

<그림 13> 한국문화의 중요성

한국문화 학습이 어느 것과 관계가 있는지에 대한 응답은 <그림 14>에서 알 수 있듯이 한국어 능력 향상이 68명, 한국인과 교류가 66명, 한국사회에 대한 이해가 67명으로 비슷하다. 즉 <그림 13>와 <그림 14>를 통해 참여자가 한국문화 학습이 중요하다고 인식되었고, 한국문화 학습이 '한국어 능력 향상', '한국인과 교류' 그리고 '한국 사회에 대한 이해'와 관계가 있다고 생각되었다. 한국문화 교육의 필요성과 중요성은 학습자가 이미 알고 있다는 것을 밝힌다.

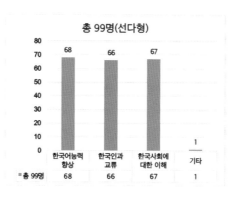

<그림 14> 한국문화와의 관계

<그림 15>는 중국 학습자에게 한국문화의 대표적인 요소가 무엇인지에 대한 응답을 나타난다. 응답자 중 드라마 39명(39.4%)으로 가장 많았고, 드라마를 제외하는 대중문화(영화, 음악, 스타 등) 32명(32.3%) 그리고 한국음식 25명(25.3%) 기타는 3명(3%)이다. 드라마는 한국문화를 가장 대표할 수 있는 요소라고 한다. 드라마는 대중문화에 속하므로 한류 문화는 71명(71.7%)으로 가장 많았다. 한류문화는 행동문화에 속하고 음식문화도 행동문화에 속한다. 따라서 이 책은 행동문화를 중심으로 조사자가 한류문화에 영향을 많이 미치는 것으로 보인다.

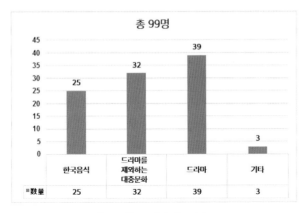

<그림 15> 한국문화의 대표적인 요소

<그림 16>은 효과적인 문화 학습이 무엇인지에 대한 응답을 나타낸다. 응답자는 '한국의 영화, 드라마 등 매체에서' 63명(63.6%)으로 압도적으로 많았다. 한국인과의 만남 36명(36.4%)으로 두 번째로 많았다. 마지막으로 '한국어학 강의로' '한국문화 강의로' 23명과 22명 거의 비슷하다. 이는 조사자가 한국 영화, 드라마 같은 매체는 중국 학습자에

게 가장 효과적인 문화교육 방법이다. 그러므로 드라마를 비롯한 영상 매체를 많이 활용하도록 하고 가능하면 한국인과 만나서 교류하는 기회를 많이 제공해야 한다. 예를 들어, 중국에 있는 한국 유학생과 짝을 지어 서로 모국어를 가르치는 학습 그룹이든지 한·중 자매학교를 활용해 온라인 상 서로 교류하고 공부할 수 있는 장을 만들든지 여러 방법을 찾아야 한다.

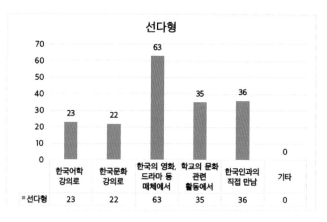

<그림 16> 효과적인 한국문화의 학습 방법

<그림 17>은 한국문화 교육 주로 방식에 대한 응답이다. '한국어 교재' '수업 중 교사의 설명' 거의 비슷한 숫자로 각각 71명, 69명이다. 다음에 텔레비전 라디오 영상매체는 60명이다. 이는 현지 중국에서 한국문화 교육 학습 방법은 주로 한국어 교재와 수업 중에 교사가 설명하는 방식을 중심으로 한다. 텔레비전이나 라디오 같은 전통적인 영상 매체도 조사자가 중요한 방법이다. 온라인 동영상도 중요한 문화교육의 수단이다. 하지만 '전문가의 특강', '학교 행사', '문화 체험' 등은

아쉽게도 그다지 중요하지 않은 현황을 반영하고 있다. 문화 체험과 학교 행사는 한국어 학습자가 직접 한국문화를 보고 느끼는 가장 좋은 방법이지만 현지의 교육기관이 별로 중요시하지 않는다는 것을 알 수 있다.

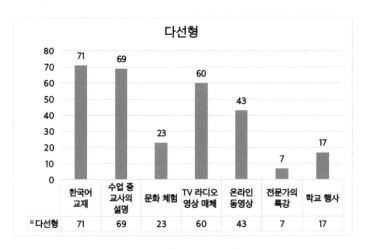

<그림 17> 한국문화 교육 방식

<그림 18>은 한국어 교재가 한국문화 교육에 도움이 되는지에 응답을 나타낸다. '매우 도움이 된다'가 34명(34.3%)으로 총 조사수의 1/3에 불과하다는 것은 중국 학습자가 한국어 교재가 한국문화 교육에 있어서 부정적이라는 응답이 나타난다. '조금 도움이 된다'가 28명(28. 3%), '보통이다'가 32명(32.3%)으로 한국어 교재에 한국문화 교육이 부족하다는 뜻을 나타낸다.

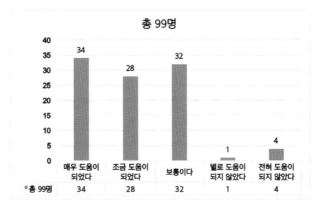

<그림 18> 한국어 교재 문화교육의 효과

<그림 19>은 중국의 한국어 학습자가 현재 받고 있는 한국문화 교육에 만족하는지에 응답이다. '매우 만족한다'가 14명(14.1%), '조금 만족한다'가 34명(34.3%)으로 총 응답자의 절반에 불과하다. 이는 조사자가 현재 받고 있는 한국문화 교육이 만족하지 못하는 현황을 밝힌다. 따라서 하루라도 빨리 문화교육 문제를 해결해야 한다.

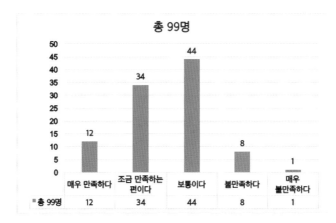

<그림 19> 한국문화 교육의 만족도

<그림 20>은 한국문화 교육에 만족하지 못하는 이유에 대한 응답이다. '문화교육 시간이 부족하다'가 37명(37.4%)으로 총 응답자의 절반에 가까이 가장 많다. '교재에 문화 내용이 부족하다'가 22명(22.2%)으로 교재에 대해 불만하다는 뜻이다. '교사의 설명만으로 이해하기 어렵다'가 16명(16.2%), '드라마, 영화같은 동영상 자료를 활용하지 않다'가 23명(23.2%)이다. 이 두 항목은 교육 방식을 반영하는 것이다. 이는 응답자가 한국문화 교육이 만족하지 못하는 원인을 밝혔다. 제 2장에서 분석했듯이 한국문화 교육은 예전보다 중요시되지만 교과과목에 아직도 균형을 잡지 못하고 한국 언어를 더 중요시하므로 한국문화 교육 시간이 모자란다. 한국문화 교육 방식은 전통적인 교수·학습 방식을 해서 젊은이가 선호하는 문화 체험식인 영상매체 자료를 활용하지 못하고 있다. 한국문화 교육 내용은 아직도 문화 지식 전달에만 그치고 있어 심도있게 체계적으로 의사소통능력 향상시키는 한국 문화교육을 기대하지 못한다.

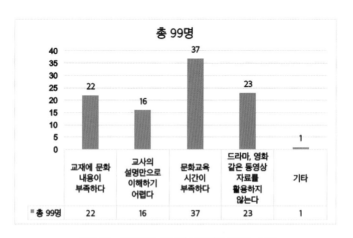

<그림 20> 한국문화 교육에 만족하지 못하는 이유

　<그림 21>은 영상매체로 한국문화 교육 경험이 있는지에 대한 응답이다. '있다'가 82명(82.8%)으로 총 응답자의 대다수 가장 많다. '없다'가 17명(17.2%)이다. 이는 대부분 응답자가 영상매체로 한국문화 교육을 받아 본 적이 있음을 나타낸다.

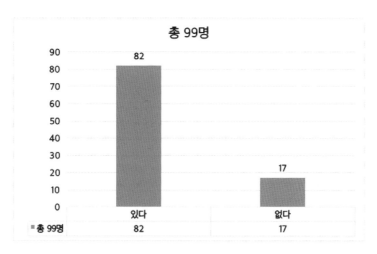

<그림 21> 영상매체로 한국문화 교육 경험

　<그림 22>은 영상매체로 한국문화 교육의 효과에 대한 응답을 나타낸다. 영상매체로 한국문화 교육 경험이 있는 응답자가 82명인데 그중에서 '아주 도움이 되었다'가 44명(53.7%)으로 총 응답자의 절반을 넘어 가장 많다. '조금 도움이 되었다'가 31명(37.8%)으로 두 번째이다. 이는 영상매체가 한국문화 교육에 있어서 좋은 수단이라고 밝혔다.

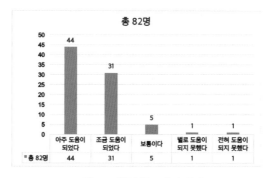

<그림 22> 한국문화 교육의 효과

    <그림 23>은 「사랑의 불시착」을 활용하여 PAD 모형으로 한국문화 교육의 효과에 대한 응답이다. 트렌디드라마 「사랑의 불시착」을 활용하여 PAD 모형으로 한 한국문화 교육 수업을 받는 응답자가 99명인데 그 중에서 '매우 도움이 되었다'가 67명(67.7%)으로 총 응답자의 2/3를 넘었다. '조금 도움이 되었다'가 19명(19.2%)으로 두 번째이다. 영상 매체가 한국문화 교육에 있어서 좋은 수단이라고 밝혀졌고 트렌디드라마 활용과 PAD 교수·학습 모형을 결합하여 보다 더 좋은 평가가 나타나 PAD 교수·학습 모형의 장점을 객관적으로 표현했다.

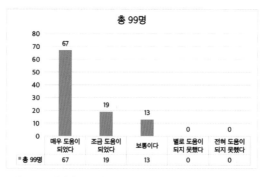

<그림 23> 「사랑의 불시착」 활용 PAD 모형의 한국문화 교육 효과

<그림 24>는 트렌디드라마 「사랑의 불시착」을 활용하여 PAD 모형으로 한국문화 교육의 효과가 있다면 어떤 면에서 도움이 되었는지에 대한 응답이다. 이 항목은 선다형 질문인데 '생활문화'가 57명(57.6%)으로 가장 많았다. '비언어적인 의사소통'이 34명(34.3%), '언어문화(비언어적 행위 제외)'가 33명(33.3%)으로 그 뒤를 이었다. 비언어적인 의사소통은 큰 범위에 있는 언어문화에 속하므로 합쳐서 67명(67.6%)이다. 즉 언어문화는 생활문화와 합쳐서 행동문화와 함께 가장 효과적이다. 이는 이 책이 행위문화를 중심으로 한 문화교육의 타당성을 입증하였다.

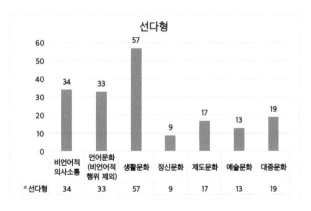

<그림 24> 한국문화 교육의 어떤 면에서 효과적임

<그림 25>는 드라마가 한국문화의 필요성이 있는지에 대한 응답을 나타낸다. '매우 그렇다' 62명(62.6%)으로 총 인수의 2/3를 차지했다. 이는 응답자가 드라마가 한국문화 교육에 아주 긍정적인 응답을 나타냈다. 향후 교사가 문화교육에 있어서 드라마를 활용하기를 바란다는 뜻이다. 따라서 교사들이 이 연구 결과를 충분히 중요시해야 한다고 생각된다.

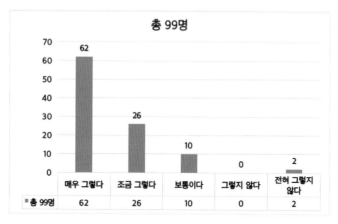

<그림 25> 한국문화 교육에서 드라마의 필요성

    <그림 26>은 영상매체 중에 활용되기를 원하는 매체가 어느 것인지에 대한 응답이다. 가 한국문화의 필요성이 있는지에 대한 응답을 나타낸다. '드라마'가 65명(65.7%)으로 총 인수의 2/3를 차지해 가장 많았다. 이는 응답자가 드라마가 한국문화 교육의 역할이 아주 긍정적인 응답을 나타냈다. 다음에 '영화'가 48명(48.5%)으로 총 인수의 절반을 넘었다. '다큐멘터리'가 27명(27.3%)으로 '노래'보다 많았다. 이는 좀 의외였다. 교사의 입장에서 드라마, 영화, 노래는 문화교육에 많이 활용되는 매체인데 다큐멘터리로 활용하는 것은 아주 드물다. 이는 응답자가 노래보다 현실적인 자료들을 더 선호하다는 것을 입증한다. 향후 교사가 문화교육에 있어서 다큐멘터리를 충분히 중요시하고 활용하기를 바란다는 뜻이다.

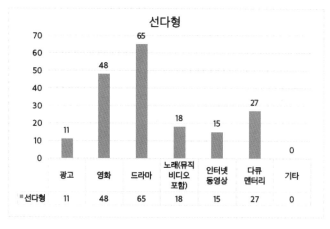

<그림 26> 영상매체 중에 활용하고 싶은 매체

(2) 교사용 설문지 분석

트렌디드라마 「사랑의 불시착」을 활용한 문화교육의 효과를 살펴보기 위해 2021년 3월 16일부터 4월 21일까지 칭다오이공대학교, 수인대학교, 길림외국어대학교, 시안외사학원, 북서번역학원에서 한국어를 가르치고 있는 교사 5명을 선정하여 수업을 실시하게 하였고, 교사 대상자로서 조사에도 임하게 했다.

조사 대상자의 성별은 남성이 0명(0%), 여성이 5명(100%)이었다. 대학교에 근무하는 시간이 적어도 8년 이상이고, 가장 많은 사람이 20년을 넘었다. 즉 이런 교사는 한국어 교육현장에서 아주 중요한 역할을 담당하고 있는 재원이다. 교사 3명은 주로 한국어 문법과 언어를 가르치고 2명은 주로 문학과 번역을 중심으로 한 강의를 담당한다.

<그림 27>은 문화교육의 중요성에 대해 교사가 어떻게 생각하는지에 대한 응답이다. 한국문화의 필요성이 있는지에 대한 응답을 나타낸

다. '드라마' 65명(65.7%)으로 총 인수의 2/3를 차지해 가장 많았다. 이는 응답자가 드라마가 한국문화 교육의 역할이 아주 긍정적인 응답을 나타냈다.

100% 교가 문화교육이 매우 중요하다고 응답했다. 이는 중국에 있는 한국어 교육자가 전부다 문화교육이 중요하다고 할 수 없지만 대부분이 한국어 교육은 언어교육뿐만 아니라 한국 문화교육도 중요하다는 인식이 생겼다고 입증할 수 있다. 따라서 한국 문화교육이 더욱 더 많은 관심과 역할을 발휘할 수 있도록 한다.

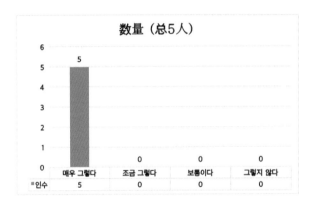

<그림 27> 문화교육의 중요성

문화교육은 어떻게 진행하고 있는지에 대한 응답은 문화수업이 제일 많고 그다음은 문화축제 등 같은 실천적인 수업으로 한다. 드라마나 영화 같은 영상매체로 한국 문화교육을 하는 응답이 없었다. 즉 한국 문화교육의 방식은 아직까지 전통적인 문화수업을 주로 방식하고 있다. 영상자료가 쉽게 접근할 수 있고 문화교육에 가치가 있는데도 불구하고 아직 문화수업만 주로 하는 것을 보면 앞으로 문화교육의

방식이 더욱더 다양해 질 수 있는 가능성을 제공한다.

<그림 28>는 문화교육의 효과에 대해 교사가 어떻게 생각하는지에 대한 응답이다. 현재 문화교육의 효과에 대해 60%의 교사가 보통이라고 답했고, 20%가 효과가 조금 있다고 했고, 20%가 효과가 없다고 했다. 이를 통해 중국에 있는 한국어 교사가 현재의 한국 문화교육에 있어서 긍정적인 평가하지 못한다. 대부분 교사는 한국 문화가 중요하다고 생각하지만 현재 실행하고 있는 문화교육 효과가 별로 만족하지 않는다는 것을 알려주는 것이다.

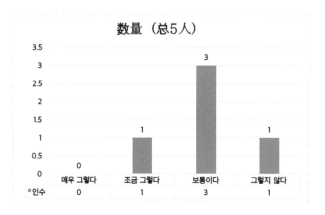

<그림 28> 문화교육의 효과

드라마는 특히 트렌디드라마는 중국 학습자에게 인기가 많아 흥미 유발할 수 있어 수업에 관심이 많아졌고 PAD 수업 모형은 자료를 수집하고 토론하는 형식으로 학습자가 수동적으로 수업하는 전통 방식으로부터 능동적으로 자아의견을 밝히는 것은 학습자를 존중을 받는 입장이라서 효과적이라고 생각한다.

<그림 29>은 문화교육하가가 제일 좋은 방식이 뭔지에 대한 응답이다. 총 5명 중에 3명(60%)이 드라마를 활용해 PAD 모형으로 문화교육하기가 좋다고 인식하였다. 그리고 1명(20%)이 문화수업이 좋다고 생각하였다. 그리고 1명(20%)은 문화축제로 하면 좋겠다고 했다. 드라마를 활용해 문화교육은 간접적으로 문화체험하는 것이고 문화축제는 직접 문화체험하는 것이다. 중국에서 한국어를 배우는 것은 직접적인 문화체험 기회가 거의 없으므로 간접적인 문화체험인 드라마를 활용하는 것이 좋다고 응답한 교사가 60%에 달했다. 문화축제는 좋은 방업이지만 고정적인 시간과 장소를 정하기 어려워 실제 체험하기가 몇년에 1, 2번인데 효과가 크다는 것을 기대하기가 어렵다.

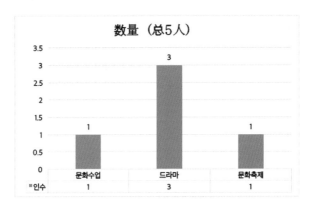

<그림 29> 문화교육에 기대하는 방식

<그림 30>은 드라마를 활용해 PAD 모형으로 문화교육의 효과에 대한 응답이다. 80% 응답자가 긍정적으로 매우 크다고 고르고 20% 보통이라고 선택하였다. 이는 드라마를 활용해 PAD 모형으로 한국 문화교육하는 것은 효과가 있다고 수업을 실시하는 교사들은 대부분이 긍

정적으로 평가한다는 것을 나타난다.

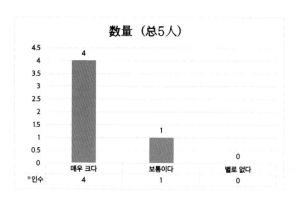

<그림 30> 과정안에 의한 문화교육 효과

<그림 31>은 향후 드라마를 활용해 PAD 모형으로 문화교육할 생각이 있는지에 대한 응답이다. 100% 교사가 향후 드라마를 활용해 PAD 모형으로 한국 문화교육할 생각이 있다고 한다. 즉 이런 식으로 문화 수업을 실시하는 교사들은 문화교육 효과에 긍정적으로 평가한다는 것이 나타난다.

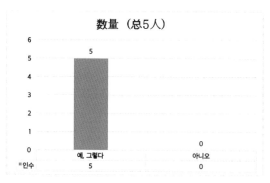

<그림 31> 향후 과정안대로 문화교육 실시할 생각

   교사에게 향후 계속 과정안대로 문화교육을 하는지에 대한 응답은 5명이 전부 긍정적인 대답이었다. 이유는 여러 가지가 있는데 그중에서 2명이 학습자가 드라마를 좋아해서 학습 동기를 자극할 수 있다고 했다. 2명은 PAD 모형으로 해서 학습자가 능동적인 학습자가 되고 문화 현상에 대해 생각하게 되고 자기의 주장을 밝힐 수 있어서 수업 효과가 좋다고 평가가 나왔다. 1명은 새로운 형식으로 하면 전통적인 문화수업의 이미지를 바꿀 수 있어 좋다고 했다. 아무튼 교수들이 드라마를 활용해 PAD 모형으로 한국 문화교육하는 것은 아주 긍정적으로 평가했다.

제5장

긍정적인 평가

긍정적인 평가

언어와 문화가 긴밀하고 불가분의 관계에 놓여 있기 때문에 문화 간 의사소통 연구는 핵심 연구 내용의 하나가 된다. 현재 외국어 교육은 단순히 목표어를 제대로 교수·학습하는 차원을 넘어서 목표 나라의 사회문화 이해를 바탕으로 한 의사소통능력을 기르자는 교육 목표에 중점을 두고 있는 추세이다. 따라서 외국어 교육에서 언어와 문화가 상호작용하는 관계라는 것은 문화교육에도 필수적인 내용이다. 다시 말하면, 외국인 한국어 학습자를 위한 한국어 교육에서는 단순한 언어교육뿐만 아니라 의사소통 능력 향상과 문화 능력 고양을 위한 문화교육이 필수적이고 중요한 요소라고 할 수 있다. 문화를 잘 이해하지 않으면 바람직하고 올바른 언어를 학습할 가능성이 적어진다. 언어를 잘 배우고, 의사소통 능력을 키우기 위해서는 문화교육이 반드시 필요하다.

그러나 한·중 양국이 수교를 하면서부터 양국의 정치, 경제, 문화, 인적 교류의 증가와 한류 열풍, 중국 경제의 급부상 등의 요인으로 중국 대학들에서 한국어교육을 수행하는 규모가 기하급수적으로 발전해

왔고, 20여 년간 양국이 심층적인 교류하면서 한국어 교육의 수준도 급속도로 성장해 왔지만 한국 문화교육에 있어서 많은 문제점이 거론되는 형편이다.

첫째, 중국에서는 아직 한국 문화교육보다 한국 어학교육을 중요시한다. 한국 문화교육을 여전히 소홀히 하는 것을 재확인하게 된다. 중국에서 이루어지고 있는 한국어 교육은 아직 언어교육과 문화교육이 서로 배타적이고 경쟁적인 존재라고 보는 학자가 많다.

둘째, 인재 양성의 목표도 다르고 다른 성향을 띠고 있는 대학은 한국어교육의 교육목표와 교육과정에서 뚜렷한 차이가 보이지 않고 거의 다 문학을 중심으로 문화교육을 한다는 것이 큰 문제점으로 생각된다.

셋째, 문화교육용 교재가 개발된 지 얼마 되지 않아서 교재의 품질과 수량에 문제점이 많다. 문화교육의 내용은 한국문화에 대한 지식을 일방적으로 전달하는 것이 아니라 학습자들이 호기심을 느끼고 스스로 한국문화를 관찰하고 문제점을 발견하여 궁금증을 풀어나가는 데 도움을 주도록 해야 한다. 또한 한·중 양국의 차별성을 정확하게 인식하고 중국문화에 대한 이해와 반성의 기회를 가져다 줄 필요가 있다. 그것은 문화교육의 목표라고 생각되는데, 현재의 문화교육은 아직 초기 단계에 머물러 있다고 본다.

넷째, 중국의 한국어 교육 현장에는 간혹 문화강좌가 있거나 문화체험이 있지만 아직 교과서와 PPT를 갖고 문화 지식을 알려주는 일방적인 문화수업을 주요방식으로 해서 인터넷이 신속하게 발전된 시대에서 자란 신세대 학습자들의 흥미를 끌지 못하고, 생생하며 재미있는 문화수업 시간일 것이라는 기대감을 갖기가 어렵다.

중국 대학에서 졸업을 위한 한국어 교육의 총 학점이 170-180 학점에 불과한데다 언어교육과 문화교육이 시간 배치 상에 서로 배타적일 뿐, 상호 경쟁적인 존재라 할 수 없기 때문에 이 유한적인 시간에 어떻게 효과적으로 문화교육을 실시할 수 있을지 판가름하기 어려운 상황을 벗어나려는 방안으로 한국의 드라마 활용이라는 새로운 시도에 주목할 수밖에 없게 되었다.

한류 열풍의 영향으로 한국의 드라마, 음악, 예능 프로그램 등이 아시아에서 특히 중국, 동남아에서 아주 큰 인기를 끌고 있다. 드라마와 음악을 중심으로 한 한류는 문화 세계화의 일부분이라 할 수 있다. 중국 대학생들은 신세대의 새로운 방식을 통해 한국 드라마를 즐기고 있다.

영상매체 교육의 장점은 현실적인 실제 언어를 제공한다는 것과 직접적으로 타문화를 체험할 수 없는 학습자의 흥미 유발에 효과적이고 간접적인 문화 체험을 제공한다는 것이다. 드라마는 영상매체의 대표로서 영상매체의 공통된 장점뿐만 아니라 다음과 같이 드라마만 가지고 있는 독특한 교육적 가치도 가지고 있다.

첫째, 의사소통 능력을 신장시키는 데 도움이 된다. 의사소통은 언어적 의사소통과 비언어적 의사소통으로 나누어진다. 드라마는 수업 교재와 수업시간에서 도외시되고 있는 비언어적 의사소통의 관습과 방법을 체득할 수 있는 기회를 제공해 준다. 그것은 영상매체를 활용하는 드라마는 언어적 요소뿐만 아니라 비언어적 요소를 모두 유용한 도구로 포용하고 있기 때문이다.

둘째, 강의실에서 교재를 통해서 배운 한국어의 어휘, 문법, 문장, 표현양식 등을 드라마의 대화 장면을 통해 확인하고 익힐 수 있는 기회를 제공해 준다.

셋째, 한국어 교재에는 주로 표준어와 문어체 위주의 한국어가 수록되어 있는데, 드라마를 활용한 수업을 통해 교재에서 잘 다루어지지 않고 있는 속어, 은어, 방언 그리고 현재 유행하고 있는 유행어 등의 구어체를 학습할 기회를 제공받는다. 이런 구어체를 알 때 젊은 사람들과 더욱더 재미있고 원만한 의사소통이 가능하게 된다.

넷째, 드라마 속에 등장하는 한국의 전통과 현대문화, 학교와 직장 생활, 친척과 동료 같은 인간관계 등에 배어있는 다양한 한국 문화적 배경을 체험하면서 현대 한국인의 생활 방식을 이해할 수 있으며, 한국의 전통 문화도 살펴볼 수 있다.

다섯째, 드라마의 소재는 다양하지만 주로 다양한 사회 계층의 삶과 생활 방식을 간접적으로 자연스럽게 보여 주며, 문화적 배경이 배어 있는 이야기 구조이므로 한국어 학습자들이 이해하는 데 어려움이 없다. 또한 드라마에서 실제적인 언어를 보여 주므로 의사소통 능력을 배양하는 데 효과적이다. 그리고 한국의 사회적인 측면을 반영하고 있기 때문에 한국 문화교육에 있어서 매우 효과적인 수업 자료가 될 수 있다.

여섯째, 드라마는 요즘 인터넷의 발달로 어디에서나 쉽게 접근할 수 있어서 실시간 학습이 가능할 뿐만 아니라 여러 번의 반복 학습도 가능하기 때문에 매우 효과적이다.

그러나 한국 드라마의 수가 헤아릴 수 없을 정도로 많은 중에 수용자로서의 중국 대학생들로 하여금 흥미를 잘 유발시킬 수 있는 인기 트렌디드라마가 주목을 받는다.

트렌디드라마의 특성을 보았을 때 중국 대학교에 있는 한국어 학습자들에게 한국 문화교육의 도구로서는 좋은 영상 자료라고 생각된다. 첫째, 트렌디드라마는 현대적인 도시의 일상생활과 청년남녀의 사랑 이야기를 중심으로 전개되기 때문에 연령대가 비슷한 대학생으로서의 중국 학습자의 흥미를 잘 유발할 수 있다. 둘째, 시각적 볼거리를 지향하는 뮤직 비디오적인 이미지를 가지고 있어서 대화량이 많지 않으면서도 말하기 속도가 빠르지 않으므로 중국의 학습자에게 아주 잘 어울리는 문화교육 자료이다. 셋째, 등장인물이 많지 않고 구조도 단순해서 전체적인 이야기 흐름을 파악하기에 어려움이 없다. 넷째, 총 횟수가 20회쯤 되는 분량이라서 시청하기에 지루하지 않다. 다섯째, 트렌디드라마에 등장하는 신조어, 줄임말 같은 언어문화는 중국 대학의 20대 학습자에게는 알 필요가 있는 학습요소인 것이다.

이에 이 책에서는 중국에서도 인기 있는 트렌디드라마 「사랑의 불시착」을 선정하여 효과적인 문화교육을 목표로 한국문화교육 방안을 제시하였다. 한국인의 언어생활 및 일상생활과 관련된 문화 정보 또는 가치관이라고 할 수 있는 행동문화를 중심으로 트렌디드라마 「사랑의 불시착」을 분석하였고, 중국인 학습자들이 한국의 현대 사회를 적응하고 이해하여, 한국인과 접촉하는 상황에서 필요한 문화를 배우고 상황에 맞게 적절한 태도와 반응을 할 수 있도록 교육방안을 제시한 것이다.

다만, 교사가 영상 매체로 문화수업을 진행할 때 교수·학습 과정안을 잘 짜야 하고 과정안대로 수업이 이루어질 수 있도록 노력해야 한다. 자칫하면 드라마만 감상하는 수업시간이 될 수 있다는 점에 유의해야 한다. 그리고 드라마는 실제 생활에서 비롯되어서 현실과 유사하지만 현실과 완전히 일치한다고 착각하면 안 된다. 교사가 수업하기 전에 드라마의 이런 특성을 학습자들에게 잘 공지해야 한다.

이 책에서는 매트(Met, 1997)의 내용 중심 교수법 모형과 장학신(張學新, 2014)의 PAD교수・학습 모형을 토대로 트렌디드라마 「사랑의 불시착」을 활용한 문화교육의 교수・학습 과정안을 도출하였다. PAD 교수・학습 모형은 강의 내용에 대한 내면화와 조별 토론식 학습을 강조한다. 기존의 일방적인 강의법과 토론법을 바탕으로 한 것이다.

이 책에서 제시한 PAD 교수・학습 모형은 교사가 먼저 50분의 강의를 하고 일주일동안 학습자에게 스스로 내면화 시간을 갖도록 한다. 일주일 후에 진행될 50분의 강의 시간에는 내면화의 성과에 관하여 토론하고, 내면화 시간과 발표 시간을 거쳐 학습자 상호간에 교류하고 완전해지게 된다. 강의 시간은 독립적인 사고와 내면화를 위해서 하는 것이고 토론과 발표를 바탕으로 한 시간은 학습자가 내면화 성과를 전시하는 것이다.

PAD 교수・학습 모형은 문화 지식을 체계적이며 효율적으로 전달할 뿐만 아니라 학습자가 적극적으로 참여하는 주도성을 발휘하고, 독립적인 사고와 한국문화에 대한 이해와 태도, 관념을 심층적인 의식으로 고려하게 된다. 한국문화를 잘 이해하게 된다면 한국인과의 의사소통이 원활해지고 자기 나라의 문화에 대한 인식도 깊어지고, 각 나라 문화에 대해 객관적으로 평가할 수 있다. 즉 의사소통 능력 향상과 문화 능력을 높일 수 있다.

본 연구에서는 PAD 모형으로 행동문화를 중심으로 언어문화인 비언어적인 의사소통 과정안과 생활문화인 술문화 과정안을 제시하였다. 이것은 2021년 3월 16일부터 4월 21일까지 칭다오이공대학교, 수인대학교, 길림외국어대학교, 시안외사학원, 북서번역학원에서 한국어

학과 학습자를 대상으로 실험 수업을 진행하고 얻은 결과이다. 이 수업의 효과를 측정하기 위해 학습자 99명과 교사 5명을 대상으로 설문조사를 실시했다.

본문에서 한국문화 교육의 필요성과 중요성은 학습자가 이미 알고 있다는 것을 밝혔다. 참여자가 한국문화 교육의 중요성에 대하여 갖고 있는 인식은 99명 중에 85명(85.9%)이 '중요하다'로, 14명(14.1%)의 '중요하지 않다'보다 압도적으로 많았다. 한국문화 교육과 관계가 있다는 항목은 두 항목을 선택할 수 있는 선다형 문제로 설정하였는데 '한국어 능력 향상'이 68명, '한국인과 교류' 66명, '한국 사회에 대한 이해' 67명으로 비슷하게 나왔다.

99명 중 63명이 한국 영화, 드라마 같은 영상매체는 가장 효과적인 문화교육 방법이라고 응답해 압도적으로 많았다. 한국인과 만나서 직접 문화를 배우려는 생각을 가지고 있는 응답자가 36명으로 두 번째로 많았다. 그러므로 드라마를 비롯한 영상매체를 많이 활용하도록 하고 가능하면 한국인과 만나서 교류할 수 있는 기회를 많이 제공하는 게 좋겠다. 예를 들어, 중국에 있는 한국 유학생과 짝을 지어 서로 모국어를 가르치는 학습 그룹이든지 한·중 자매학교를 활용해 온라인상 서로 교류하고 공부할 수 있는 장을 만들든지 여러 방법을 찾아야 한다.

조사자가 현재 한국문화 교육이 만족스럽지 못한 현황을 밝히고 학습자가 한국문화 교육에 만족하지 못하는 원인도 밝혔다. 이는 조사자가 제2장에서 분석했던 것이 입증된 것이다. 중국의 한국어 학습자가 현재 한국문화 교육에 만족하는지에 응답자 14명(14.1%)은 '매우 만족한다', 34명(34.3%)은 '조금 만족한다'로 총 응답자의 절반에 불과하다.

한국문화 교육에 만족하지 못하는 이유에 대한 응답은 '문화교육 시간이 부족하다'가 37명(37.4%)으로 총 응답자의 절반에 가깝게 매우 많았다. '교재에 문화 내용이 부족하다'가 22명(22.2%)으로 교재에 대해 불만이라는 뜻이다. '교사의 설명만으로 이해하기 어렵다'가 16명(16.2%), '드라마, 영화 같은 동영상 자료를 활용하지 않는다'가 23명(23.2%)이다.

트렌디드라마 활용과 PAD 교수·학습 모형을 결합한 것이 한국문화 교육의 효과적인 방안으로 밝혀졌다. 영상매체가 한국문화 교육에 있어서 좋은 수단이라고 밝혀졌고, 트렌디드라마 활용과 PAD 교수·학습 모형을 결합하면 보다 더 좋은 평가가 나타나 PAD 교수·학습 모형의 장점을 객관적으로 표명할 수 있었다. 영상매체가 한국문화 교육에 효과적인가에 대한 응답자 82명 중 44명(53.7%)이 '아주 도움이 되었다'로 답해 총 응답자의 절반을 넘어 가장 많았다. 폭을 좁혀 트렌디드라마 「사랑의 불시착」을 활용하여 PAD 교수·학습 모형으로 한국문화 교육을 실시하였을 때의 효과에 대한 응답자가 99명 중에서 67명(67.7%)이 '매우 도움이 되었다'으로 응답해 총 응답자의 2/3를 넘었다.

교사에게 향후 계속 과정안대로 문화교육을 실시할 것인지 물은 데 대한 응답은 5명이 전부 긍정적인 대답이었다. 이유는 여러 가지 있는데 그중에서 2명이 학습자가 드라마를 좋아해서 학습 동기를 자극할 수 있다고 했고, 2명은 PAD 모형으로 수업해서 학습자가 능동적인 학습자가 되고 문화 현상에 대해 스스로 생각하게 되고 자기의 주장을 밝힐 수 있어서 수업 효과가 좋았다고 평가했다. 1명은 새로운 형식으로 하면 전통적인 문화수업의 이미지를 바꿀 수 있어 좋다고 했다. 교수들이 드라마를 활용해 PAD 모형으로 한국 문화교육을 실시하는 것을 아주 긍정적으로 평가한 것이다.

PAD 교수·학습 모형을 바탕으로 트렌디드라마「사랑의 불시착」을 활용하여 진행한 수업에 대하여 아래와 같이 결론짓는다.

첫째, PAD 교수·학습 모형을 인입하여 학습자가 내면화 단계를 거치면 자기의 생각과 태도가 생길 뿐만 아니라 충분한 자료 조사로 인한 자신도 생겼으니 적극적으로 수업에 참여하게 된다. 둘째, 학습자들이 텔레비전이나 인터넷, 휴대전화로 드라마를 쉽게 접할 수 있어서 스스로 지속적으로 내면화 과정을 겪을 수 있고, 학습이 일회성으로 끝나는 것이 아니라 지속적인 내면화 단계를 거치므로 과제 해결 능력이 기대했던 것보다 훨씬 더 향상되었다. 셋째, 중국에서 인기가 있는 트렌디드라마가 한국어 학습자에게 문화교육 가치를 확인해 준다. 넷째, 중국 학습자가 북한에 대한 관심을 많이 보였다. 지리상 중국과 인접해 있고, 같은 한국말을 사용하고 있지만 한국어학과의 학습자로서 북한에 대해 아는 것이 매우 적으므로 넓은 시야를 배양해 한반도 상황을 잘 아는 인재를 키우기 위해 교과과정에 북한과 관련된 지식도 넣어야 할 것이다. 인기 트렌디드라마의 독특한 전파력과 한국문화의 독특성으로 인한 매력이 한국 문화교육에 있어서 아주 중요한 역할을 하고 있다.

중국 학습자뿐만 아니라 교사도 트렌디드라마를 활용해 PAD 모형으로 문화교육을 실시하는 것이 아주 긍정적인 평가를 얻었고, 향후에도 이런 식으로 문화교육을 할 것인가라는 질문에 대해 매우 긍정적으로 대답한 것을 근거로 이것이 외국에서 한국 문화교육을 할 때 아주 좋은 방법이라고 말할 수 있다. 이에 따라 트렌디드라마를 활용하고 다양한 교수·학습 모형을 적용하는 연구가 지속적으로 이루어진다면 앞으로 좋은 성과들이 나올 것으로 보인다. 그리고 중국에서 교사뿐만 아니라 학습자도 한국문화 교육의 중요성을 인식하고 있으므로 향후 한국 문화교육의 위상을 한층 더 높일 수 있을 것이다.

참고문헌

1. 국내자료

<단행본>

박갑수(2013), 한국어교육과 언어문화 교육, 서울, 역락.
윤대석 외(2014), 한국어 교육의 이론과 실제, 서울, 아카넷.
이성희(2015), 한국문화 어떻게 가르칠 것인가 이론과 실제, 서울, 박이정.
조항록(2010), 한국어교육 현장의 주요 쟁점: 교재, 평가, 문화교육, 서울, 한국문화사.
한상미 외(2007), 한국어 교수법의 실제, 서울, 한국문화사.
허용 외(2005), 외국어로서의 한국어교육학 개론, 서울, 박이정.
히라타 유키에(2005), 한국을 소비하는 일본: 한류, 여성, 드라마, 서울, 책 세상.
모란(정동빈 옮김)(1995), 문화교육, 서울, 경문사.

<논문>

강은국(2010), "대학교 본과 외국어 비통용 어종 학과 규범의 측면에서 본 중국에 서의 한
    국어 교육," 한국(조선)어교육국제학술연토회논문집(상), 234-244.
김귀석・이수경(2003), "초등 영어 문화 교육의 현황과 개선 방향," 언어학, 11(2),66.
김동현(2017), "TV 드라마를 활용한 한국 문화교육 연구," 강남대학교 대학원 석사학위논문.
김 철(2008), "중국에서의 한국어 교육의 어제와 오늘 및 그 미래," 한중인문학연구, 24,
    275-308.
김충실(2006), "한국어교육에서 한국문학교육의 실태와 전망," 비교문화연구, 18, 25- 39
김하나(2014), "드라마에 나타난 한국어 요청-거절 화행 분석," 한국어와 문화, 15, 131
    -164.
김훈태(2013), "해외 한국어 교육현장에서의 한국 대중문화를 활용한 한국어 수업 사례 연
    구: 드라마와 가요를 중심으로," 한국어 교육, 24(2), 131-155.
박영순(2003), "한국어교육으로서의 문화 교육에 대하여," 이중언어학, 23, 67-89.
박은영(2019), "한국 가족 드라마에 반영된 언어문화 분석 연구," 연세대학교 대학원 석사
    학위논문.
박찬숙(2008), "한국문화 교육과 한류의 연관관계 연구: 드라마를 중심으로," 언어와 문화,

4(2), 120-138.

박춘연(2010), "중국 내 한국 문화 교육과정 설계 연구," 경희대학교 대학원 박사학위논문.

반경희(2017), "드라마를 활용한 한국문화교육 연구," 충북대학교 대학원 박사학위논문.

서경혜(2013), "한국문화교육을 위한 한국인의 가치체계연구: 드라마를 중심으로," 외국어
　　대학교 대학원 박사학위논문.

서현지(2010), "TV 드라마를 활용한 한국 문화 교육 방안 연구: 드라마 '가문의 영광'을
　　중심으로," 한국외국어대학교 대학원 석사학위논문.

소　흠(2016), "중국 학습자를 위한 한류 콘텐츠를 활용한 한국문화교육 사례: 드라마 <응
　　답하라, 1988>을 중심으로," 상명대학교 교육대학원 석사학위논문.

손병우·양은경(2003), "한국 대중문화의 현주소와 글로벌화 방안: 한류 현상을 중심으
　　로," 사회과학연구, 14, 147-171.

이승주(2012), "TV드라마를 활용한 여성 결혼 이민자 대상 문화 교육 방안 연구," 한양대
　　학교 교육대학원 석사학위논문.

이은진(2012), "문화감지도 개발연구: 중국인 학습자를 대상으로," 연세대학교 교육대학원
　　석사학위논문.

이정희(1999), "영화를 통한 한국어 수업 방안 연구," 한국어교육, 10(1), 221-240.

李喜媛(2015), "한국어 교육을 위한 한국 문화 교수요목 선정과 교수학습 방안 연구," 충
　　북대학교 대학원 박사학위논문.

양　평(2006), "중국 시청자의 한국 드라마 <대장금> 수용 연구," 충남대학교 대학원 석사
　　학위논문.

양평 외(2019), "중국 대학교 한국어 교육의 현황과 개선 방향: 4년제 본과 교육을 중심으
　　로," 교육문화연구, 25(5b), 967-989.

왕　연(2011), "중국 내 대학교 한국어 전공 학습자를 위한 문화교육 연구: 행동문화를 중심
　　으로," 부산외국어대학교 대학원 박사학위논문.

최인자(2004), "대중매체를 활용한 한국어 교육 방법: 텔레비전 드라마를 중심으로," 어문
　　학교육, 28, 267-286.

한귀은(2005), "문학교과의 텔레비전 드라마 수용 방향,"국어교과교육연구, 10, 23-48.

한　선(2007), "영상 매체를 활용한 한국 문화 교육-TV 드라마와 영화를 중심으로-," 언어
　　와문화, 3, 195-216.

＿＿＿(2008), "영상 매체를 활용한 한국 생활문화 교육 방안 연구: TV 드라마와 영화를
　　중심으로," 경희대학교 교육대학원 석사학위논문.

黃晶民(2012), "人事장면에서 나타나는 중국인 한국어 학습자의 非言語的 意思疏通研
　　究," 語文研究, 40(1), 473-495.

황인성(1999), "트렌디 드라마의 서사구조적 특징과 텍스트의 즐거움에 관한 이론적 고찰,"
　　한국언론학보, 43(5), 221-248.

허 양(2014), " 드라마를 활용한 한국 문화 교육 방안 연구: 중국인 학습자를 중심으로," 공주대학교 대학원 석사학위논문.

Koo, Kyung-MO(2019), "TV프로그램의 국제적 유통 변화에 대한 소고-한국드라마<대장금>수용 양성을 중심으로," 중국학, 68, 61-74.

WANG LE(2020), "한·중 드라마의 비교를 활용한 한국문화 교육 방안 연구: 중국 중급 학습자를 대상으로," 경희대학교 대학원 석사학위논문.

2. 국외자료

<단행본>

畢継万(2009), 跨文化教學与第二語言教學, 北京, 北京大學語言大學出版社.

胡文仲(1994), 文化与交際, 北京, 外語教學与研究出版社.

林從綱(2007), 新編韓國語詞匯學, 北京, 北京大學出版社.

楊加印.張利滿(2015), 中華文化与跨文化交際, 長春, 東北師范大學出版社.

張長君(2017), 對分課堂之對外漢語, 北京, 科學出版社.

張國濤·鄭世明·崔玮(2014), 影像的冲擊力-新世紀中韓電視劇流變研究, 北京, 中國傳媒大學出版社.

張學新(2017), 對分課堂中國教育的新智慧, 北京, 科學出版社.

張學新·陳湛妍 等(2017), 對分課堂之大學英語, 北京, 科學出版社.

祖曉梅(2017), 跨文化交際, 北京, 外語教學与研究出版社.

Brooks, Nelson.(1975), *The Anlysis of Foreign and Familiar Cultures, In Robert Lafayette ed*. The Culture Revolution in Foreign Language Teaching. Lincolnwood. ILL. : National Textbook.

Met, M.(1999), *Content-Based Instruction: Defining Terms, Making Decisions*. NFLE Report, January. Washingtion. DC: National Foreign Language Center.

<논문>

郭石磊(2015), "電視劇在韓國語听力教學中的應用研究," 考試周刊, 66, 97-98.

韓兆元(2018), "韓國語听力課程教學中的韓國影視劇應用方案研究," 韓國語教學与研究, 1, 110-115.

何 强(2020), "以欣賞影視片段爲輔助手段的韓語听力教學研究," 冶金管理, 19, 168-169.

賈莉娜·金貞春(2010), "韓劇: 提高韓國語听力的助听器—談韓劇在听力教學中的作用,"

齊齊哈爾師范高等專科學校學報, 2, 155-156.

蔣　威(2020), "以欣賞影視片段爲輔助手段的韓語听力教學研究," 西部素質敎, 14, 183-184.

金京善(2015), "論中國的朝鮮語/韓國語敎育," 亞非硏究, 2, 128-139.

金美蘭(2016), "淺析電視劇台詞中韓翻譯," 活力, 3, 19.

金美娜(2011), "韓國語敎學中關于韓國文化敎育方案的建議," 文學敎育, 2, 95-97.

李　慧(2017), "韓劇在韓國語敎學中的有效應用硏究," 当代敎育實踐与敎學硏究, 7, 183.

李國平(2016), "韓劇在視、听、說敎學中的授課方法硏究," 当代敎育實踐与敎學硏究, 12, 98.

劉　淋(2016), "淺談湖南地區'韓流熱潮'与湖南高校韓國語敎學," 韓國語敎學与硏究, 3, 101-104.

潘燕梅(2012), "以電視劇敎學爲中心的韓國語敎育," 科敎文匯, 8, 151-152.

齊曉峰(2008), "韓國語敎育的現狀、問題与發展构想," 淸華大學敎育硏究, 2, 115-118.

田　樂(2016), "韓語听力敎學中的韓劇應用方案探究," 亞太敎育, 14, 194.

孫玉霞(2014), "韓國高等敎育經驗對我國高校构建創新型韓國語人才培養模式的啓示," 課程敎育硏究, 2014(8), 118-119.

徐蘭花(2017), "以電視劇敎學中的韓國語敎育初探應," 讀与寫, 14(9), 17-18.

楊　萍(2016), "韓國電視劇敎學功能的拓展和延伸," 韓國語敎學与硏究, 4, 90-94.

張學新(2014), "對分課堂: 大學課堂敎學改革的新探索," 夏旦敎育論壇, 12(5), 5-10.

張曉宇(2011), "韓國語口語敎學方法的探討," 語文學刊, 7, 160.

庄慶濤(2008), "韓國語專業本、專科培養方案對比分析," 中國科技信息, 285-286.

Hammerly, H.(1986), "*Synthesis in second language teaching: An Introduction to Linguistics*", Blaine. Wash: Second Language Publication.

McGovern, J.(ed).(1983), "*Video Application in English Language Teaching*", Oxford: Pergamon Press.

Mebrabian and M. Wilner.(1967), "*Decoding Inconsistent Communications*", Journal of Personality & Social Psychology.

Oberg, K.(1960), "*Culture Shock: Adjustment to New Cultural Environments*" 「J」. Practical Anthropology, (7):177-182.

3. 기본 자료

국립국어원(2011), 국제 통용 한국어교육 표준 모형 2단계.
「사랑의 불시착」의 대본.

<교재>

김건 외(2013), 한국개황, 대련, 대련이공대학출판사.

김동훈(2015), 한국문화개론, 북경, 세계도서출판사.

김진호(2014), 한국문화탐구, 북경, 세계도서출판사.

박선옥·이광인(2008), 한국문화산책, 연변, 연변대학출판사.

박연동(2019), 한국문화, 상해, 화동이공대학출판사.

박영호·윤윤진(2009), 한국개황, 연변, 연변대학출판사.

부산외국어대학교 한국어문화교육원(2012), 간단하고 재미있는 한국문화 Ⅰ, 북경, 북경대
        학출판사.

손대준(2016), 한국을 알자, 북경, 북경대학출판사.

양조전(2009), 한국문화사, 제남, 산동대학출판사.

유성운(2015), 한국문화통론, 남경, 남경대학출판사.

이정수·신천(2015), 한국개황, 북경, 대외경제무역대학교출판사.

이충민(2016), 한국문화체험과 실훈, 대련, 대련이공대학출판사.

임경순(2012), 한국문화의 이해, 북경, 북경대학출판사.

임소예·최원평(2010), 한국어로 한국문화를 얘기한다, 대련, 대련이공대학출한사.

임종강(2005), 한국개황, 대련, 대련이공대학출판사.

전 경(2010), 한국문화, 광주, 중산대학출판사.

조항록(2010), 한국개황, 대련, 대련출판사.

주영애·우영(2017), 한국사회와문화, 북경, 외국어교육과연구출판사.

지수용·김철(2010), 한국개황, 북경, 세계도서출판사.

진귀방(2010), 한국문화개론, 제남, 산동대학출판사.

4. 사이트

국립국어원 표준국어대사전: https://stdict.korean.go.kr/main/main.do

네이버 중국어 사전: http://cndic.naver.com

네이버지식백: https://search.naver.com

한국민족문화대백과사전: http://encykorea.aks.ac.kr/

tvN 홍페이지: https://post.naver.com/my.nhn?memberNo=3669297

韓劇网홈페이지: https://www.y3600.com/

https://baijiahao.baidu.com/s?id=1657962006503904598&wfr=spider&for=pc

부록

<부록 1> 설문지(교사용)

안녕하십니까?
저는 충북대학교 대학원(박사과정, 국어교육전공) 원생입니다. 졸업논문을 준비하는데, 선생님의 강의 경험은 매우 큰 도움이 될 것입니다. 번거로우시겠지만 설문에 응답을 해주시면 매우 고맙겠습니다.

021년 3월 15일
대학원생 楊萍(YANGPING) 올림
yangpingkorea@126.com

1. 성별
   ① 남   ② 여

2. 학교 명칭

3. 대학교에 근무하신지 몇 년이 되었습니까?

4. 주로 담당하는 과목이 뭡니까?

5. 문화교육이 중요하다고 생각합니까?
   ① 매우 그렇다   ② 조금 그렇다   ③ 보통이다   ④ 그렇지 않다

6. 귀교에는 한국문화를 어떻게 가르치고 있어요?

7. 한국 문화교육의 효과에 대해 어떻게 생각합니까?
   ① 매우 크다   ② 보통이다   ③ 별로 없다

8. 어느 방면에서 효과가 가장 많습니까?

9. 선생님은 한국 문화를 가르치기에는 제일 좋은 방식이 뭐라고 생각하십니까?

10. 한국 드라마를 활용해 PAD 모형으로 문화교육을 하는 것의 효과에 대해 어떻게 생
    각하십니까?
    ① 매우 크다   ② 보통이다   ③ 별로 없다

11. 선생님은 앞으로 계속 드라마를 활용해 문화교육을 할 겁니까?
    ① 예, 그렇다   ② 아니오, 그렇지 않다

12. 이유가 무엇입니까?

<부록 2> 설문지(학생용)

안녕하십니까?
저는 충북대학교 대학원(박사과정, 국어교육전공) 원생입니다. 졸업논문을 준비하는데, 선생님의 강의 경험은 매우 큰 도움이 될 것입니다. 번거로우시겠지만 설문에 응답을 해주시면 매우 고맙겠습니다.

2021년 3월 15일
대학원생 楊萍(YANGPING) 올림
yangpingkorea@126.com

1. 성별
　① 남　　　② 여

2. 학년
　① 2학년　　② 3학년　　③ 4학년

3. 당신이 한국어학과를 선택한 이유는 무엇입니까?

4. 당신의 취업 목표는 무엇입니까?
　① 한국 기업 또는 중·한합자 기업　　　② 중국의 정부의 공무원
　③ 한국과 관련이 있는 중국 기업이나 회사　　④ 대학원
　⑤ 기타_____

5. 한국문화를 학습하는 것이 중요하다고 생각합니까?
　① 중요하지 않다　　　② 중요하다

6. 한국문화의 학습이 다음 어느 것과 관계가 있다고 생각합니까? (可多選)

① 한국어능력 향상   ② 한국인과 교류   ③ 한국사회에 대한 이해

④ 기타_____

7. 한국문화하면 가장 먼저 떠오르는 것이 뭡니까?

8. 가장 효과적인 문화학습은 어떻게 진행하는 것이 좋습니까? (最多選2个)

① 한국어학 강의로부터   ② 한국문화 강의로부터

③ 한국의 영화, 드라마 등 매체에서   ④ 학교의 문화 관련 활동에서

⑤ 한국인과의 직접 만남   ⑥ 기타_____

✱ 한국문화에 대한 인식과 학습 현황

9. 현재 한국문화를 어떤 방식으로 배우고 있습니까?(복수 응답 가능)

① 한국어 교재를 통해서   ② 수업 중 교사의 설명으로

③ 문화 행사 체험을 통해서   ④ TV, 라디오 등 영상 매체를 통해서

⑤ 인터넷 등 온라인 동영상을 통해서 ⑥ 전문가의 특강으로

⑦ 학교 행사를 통해서

10. 한국어 교재가 한국문화를 이해하는 데 얼마나 도움이 되고 있습니까?

① 매우 도움이 되었다.   ② 조금 도움이 되었다   ③ 보통이다

④ 별로 도움이 되지 않았다   ⑤ 전혀 도움이 되지 않았다.

11. 현재 여러분이 받고 있는 한국문화 교육에 얼마나 만족하고 있습니까?

① 매우 만족하다   ② 조금 만족하는 편이다   ③ 보통이다

④ 불만족하다   ⑤ 매우 불만족하다

12. 만족하지 못한다면 그 원인은 무엇이라고 생각합니까?

　① 교재에 소개된 문화 내용이 이해하는데 부족하기 때문에

　② 교사의 설명만으로 이해하기 어려운 부분이 많기 때문에

　③ 문화교육 시간이 부족하기 때문에

　④ 드라마 · 영화 같은 자료를 활용하지 않기 때문에

　⑤ 기타＿＿＿＿＿＿＿＿＿＿＿＿＿＿＿＿＿

13. 한국문화 수업 중 광고나 드라마, 영화의 영상매체로 한 한국문화 수업을 받아본 적이 있습니까?

　① 있다 (14번으로)　　② 없다

14. 영상 매체가 한국문화를 이해하는 데 도움이 되었습니까?

　① 아주 도움이 되었다　　② 조금 도움이 되었다.　　③ 보통이다.

　④ 별로 도움이 되지 못했다.　　⑤ 전혀 도움이 되지 못했다.

＊ 트렌디드라마 <사랑의 불시착>과 PAD교수 · 학습 모형의 효과 검증

15. 트렌디드라마 <사랑의 불시착>과 PAD(Presentation-Assimilation-Discussion) 교수 · 학습 모형을 통해 한국문화 교육을 했는데 도움이 되었습니까?

　① 매우 그렇다　　② 조금 그렇다　　③ 보통이다

　④ 그렇지 않다　　⑤ 전혀 그렇지 않다

16. 효과적이라면 어떤 면에서 가장 효과적이라고 생각합니까? (最多選2个)

　① 비언어적인 의사소통에서　　② 언어문화(비언어적인 행위)　　③ 생활문화

　④ 정신문화　　⑤ 제도문화　　⑥예술문화　　⑦ 대중문화

17. 드라마는 PAD와 한국문화 수업에 도입될 필요가 있다고 생각하십니까?

① 매우 그렇다   ② 조금 그렇다   ③ 보통이다   ④ 그렇지 않다

⑤ 전혀 그렇지 않다

18. 아래의 영상매체 중에 여러분이 한국문화 수업에 활용되길 원하는 매체는 어떤 것입니까?

① 광고   ② 영화   ③ 드라마   ④ 노래(뮤직비디오 포함)

⑤ 인터넷 동영상   ⑥ 다큐멘터리(紀錄片) ⑦기타_____

<부록 3> 중국 지역별 대학 한국어학과 교과과정

지역	대학	전공주요과목	교육목표
동북 지역	길림 외국어 대학 (사립대)	(1) 경독교정: 기초/중급/고급조선어 (2) 시청설(視聽說)교장: 한국어시청1-4 (3) 회화교정: 초급/중급/고급회화 (4) 번역교정: 한중번역, 번역이론과 기교 　　(중한번역), 한중통역, 영상번역 (5) 한중대비교정: 한중음운대비, 한중어휘대비, 한중문법대비 (6) 기타: 한반도 사회와 문화, 무역한국어, 여행한국어, 한국문학작품선독, 신문읽기, 한국민속, 한국어응용쓰기 등	탄탄한 조선언어기초와 광범위한 과학 문화지식도 갖추게 한다. 외사, 무역, 문화, 교육 등 부문에서 통역, 연구 교육 그리고 관리일을 할 수 있고 창의정신, 실천 능력과 다문화소양을 갖고 있는 다방면으로 발전하는 고급 전문 인재.
	대련 외국어 대학	초/중/고급한국어, 한국어 초급 듣기와 받아쓰기, 한국어중급시청설, 한국어고급시청설, 쓰기기초, 한국어발음, 한국어말하기(초/중급), 한국어문법, 번역(기초 번역, 기초 통역), 한국문학역사, 한국문학, 한반도개황	본 전공은 튼튼한 조선어 (한국어) 듣기, 말하기, 읽기, 쓰기, 번역 능력을 구비하고 조선어 전문지식, 대상국의 국정문화지식을 장악하고 국가와 지방의 경제와 사회 발전에 적응하는 좋은 종합소질을 갖추게 한다. 외사, 무역, 문화, 교육 등 부문에서 통역, 연구 교육 그리고 관리일을 할 수 있고 창의정신, 실천 능력과 다문화소양을 갖고 있는 다방면으로 발전하는 고급 전문 인재.
베이징 지역	베이징 대학교	기초조선(한국)어, 조선어(한국)시청, 회화, 조선(한국)명작선독, 한반도개황, 조선문법조중/중조번역, 조선(한국)문화, 조선(한국)국제관계사, 조선(한국)경제, 조선(한국)역사, 조선문학간사, 조선신문선독, 조선당대 정치와 사회	조선, 한국학 연구의 엘리트 인재양성을 목표로 삼는다. 견고한 전공 기초 지식이 있고 직업 의식이 투철하고 근무 능력이 뛰어난 복합형 인재를 양성하도록 한다.

	베이징 외국어 대학교	기초단계: 기초한국어, 음운, 문법, 회화, 듣기, 시청 등 제고 단계: 읽기, 쓰기 통역 번역 한국개황, 한국문학작품선독, 신문읽기, 문학 언어학 등	전면적으로 발전하여 확실한 한국어언 어기초와 광범위한 과학문화지식도 있 고 외사, 무역, 문화 등 부문에서 통역, 연구, 교육 그리고 관리일을 할 수 있는 고소양, 고수준의 두 가지 외국어에 능 통한 <u>복합형 한국어 고급 전문 인재</u> <u>양성.</u>
장강 지역	수인 대학 (사립대)	기초한국어, 중급한국어, 고급한국어, 한국어듣기, 한국어회화, 중한번역기교 와 실천	본 전공은 비교적 높은 인문 및 직업 소양, 비교적 탄탄한 조선 (한국)어 언 어 기초와 응용 능력, 비교적 강한 교차 문화 커뮤니케이션 능력을 배양한다. 지역사회수요 및 업종기업발전에 적응 하는 한국어관련업무에 종사할 수 있는 덕, 지, 체, 미전면적으로 발전하고 혁 신정신과 지속가능발전의 기초를 갖추 는 고급응용형 인재를 양성한다.
광동과 광서 지역	광동외어 외무 대학교	핵심과목: 초급/중급/고급한국어, 한국어시청설, 읽기, 한국어번역, 한국어통역, 쓰기 와수사, 무역한국어, 한국문학작품선독, 남북한개황	훌륭한 한국어언어능력 구비, 한국의 국정과 문화를 숙지함과 동시에 일정한 영어 수준을 구비하고 다른 전공지식을 장악하여 외사, 무역, 문화, 신문출판 등 영역에서 통역, 연구, 교육, 언론정 보, 관리 등 관련 일에 종사할 수 있는 재덕이 겸비된 <u>한국어 고급인재를 양성.</u>
서북 지역	서북정법 대학	기초한국어, 중급한국어, 고급한국어, 한국어읽기, 한국어듣기, 한국어회화, 한국어쓰기, 한국어문법, 한국어능력 시험, 중한번역, 시사한국어읽기, 민 법학개론, 민사소송법학 개론, 정법 과 행정소송법학, 경제법학개론, 상 법학	국가 및 서부지역의 경제와 사회 발전 에 필요한 덕, 지, 체, 미 등 전면적이고 기초가 튼튼하며 지식면이 넓으며 비교 적 강한 혁신정신, 실천능력과 사회적 응능력을 갖춘 자질 높은 응용형, 복합 형 인재를 양성한다. 한국 관련 정부 기 관, 기업, 세관 국경 검사, 민간 항공,

			관광, 변호사 사무소 및 교육 기관 등에 서 한국어 번역, 연구, 교육, 관리, 서비 스 등에 종사할 수 있다. 본전공은 조선 어전공교학본위를 견지하고 조선어와 법률의 결합특색을 체현하며 조선어 + 법률 복합형, 응용형 높은 자질의 인재 를 양성한다.
산동 지역	칭다오 대학교	주요 개설 과목: 기초한국어, 한국어회화, 한국어듣기, 고급한국어, 한국어범독, 한국어시청설(視所說), 한국개황, 한국어문법, 쓰기기초, 한국어능력지도시험, 무역한국어, 번역, 한국문학약사, 동시통역, 과학기술한국어, 기업관리한국어, 여행한국어, 마케팅한국어, 비서한국어 등	튼튼한 외국어학 및 응용언어학 이론기초와 체계적인 전문지식, 강한 학제적 연구사고능력, 넓은 국제시야와 강한 종합실천능력, 교육, 과학연구, 외사, 관리 등 본 전공과 관련된 일에 종사할 수 있는 고급외국어인재 양성.
	중국해양 대학교	초/중/고급한국어, 회화, 한국어읽기, 듣기, 문법, 한국어전공개론, 스피치와 커뮤니케이션 통역 실력, 중국문화개론, 한국사회와 문화, 한국고현대문학사, 중·한문학관계사, 한국문학작품감상, 한국어쓰기, 한국어번역이론과실천, 창신창업교육, 한국사회와 언어, 중국문학, 한국어언어학, 역사, 한국문학과 사회, 영화와 한국문화, 중국어쓰기, 중·한해양교류사, 중·한언어대비신문선독	튼튼한 조산·한국언어문학기초지식과 언어실용능력의 양성, 인문정신, 창신정신, 다문화교제능력을 가지고, 국제시야지식·능력, 소질, 종합적인 한국어인재를 양성.
	칭다오 이공 대학교	기초한국어, 중급한국어, 한국어듣기, 한국어읽기, 한국어쓰기, 고급한국어, 한국어문법, 한·중번역, 중한번역, 한국문학사 통역, 한국개황, 한국어능력시험(중급/고급), 한반도역사, 한국기업과 문화, 한국신문선독, 시사한국어, 한국어어휘학, 중·한대비언어학, 한국어언어학기초, 한국어문체학,	본 학과는 강한 사회책임감, 튼튼한 한국어언어기초, 풍부한 언어, 문학, 상무, 다문화교제능력의 지식, 실천혁신능력과 과학연구능력, 능숙한 한국어실력으로 외사, 교육, 문화, 신문출판, 상무, 무역 등 부문에서 번역, 연구, 교육, 관리 등 관련 일을 할 수 있는 실용적 인재를 양성.

		한국소설선독, 상무한국어, 상무한국어쓰기, 한국어고급회화	
	산동과학대학교	기초한국어, 중급한국어, 고급한국어, 한국어읽기, 한국어듣기, 한국어회화, 한국어쓰기, 한국어문법, 한국어언어문학, 번역	조선어전공은 좋은 종합소질, 탄탄한 한국언어문학기초와 언어응용능력, 필요한 관련전공지식을 소유하고 비교적 강한 자주학습능력, 사변능력, 다문화능력과 실천능력을 구비하는 한국어전공인재와 복합형 한국어 인재를 양성한다.
	산동대학위해(威海)분교	기초한국어, 중급한국어, 고급한국어, 기초한국어회화, 중급한국어회화, 고급한국어회화, 한국어시청설(초/중/고), 한국어범독, 중·한번역, 한국문학역사, 한국어실용문쓰기, 한반도개황, 무역한국어, 중·한교류사	본 전공은 탄탄한 한국어 기초 지식, 비교적 광범한 과학 문화 지식 및 비교적 강한 실제 업무 능력을 갖추도록 배양한다. 외사, 경제무역, 문화, 신문출판, 교육, 과학연구, 관광등 부문에서 번역, 연구, 교학, 관리업무에 종사할 수 있는 덕, 지, 체, 미 전면발전의 복합형 한국어 고급 전문인재.

<부록 4> 중국 지역별 대학 한국어학과 문화과목

지역	대학		과목명(개설학기/주당 시간수)*	과목 수
동북 지역	길림외국어대학 (사립대)	필수	한국문학작품선독(6/2) 비즈니스 한국어(6/2) 경제·무역 신문읽기(7/2)	3
		선수	중·한 문화 간 의사소통(3/2) 한반도 약사(4/2)	2
	대련외국어대학	필수	조·한개황(3/2) 한국문화(6/2)	2
		선수	한국문학작품감상(6/2) 한국문학사(7/2) 한국역사(5/2) 한국여행문화(5/2) 한국정치와 외교(5/2) 중국문화(한국어)(6/2) 한국문화창의력(7/2) 조선반도문제연구(7/2) 한국신문읽기와 토론(5/2) 한국문학번역감상(5/2)	10
베이징 지역	베이징대학교	필수	한국(조선)문학약사Ⅰ(6/2) 한국(조선)문학약사Ⅱ(7/2) 한반도 개황(2/2) 한국(조선)문화(4/2) 한국(조선)신문선독Ⅰ(5/2) 한국(조선)신문선독Ⅱ(6/2) 한국(조선)역사(3/2)	7
		선수	한국(조선)정치경제(4/2) 한국(조선)국제관계사(5/2) 한국(조선)민속(3/2) 한국(조선)문학작품선독Ⅰ(6/2) 한국(조선)문학작품선독Ⅱ(7/2) 당대한국(조선)정치외교사(7/2)	6

	베이징외국어 대학교	필수	신문읽기(6/2) 한국문학작품선독(7/2)	2	
		선수	조선반도 사회역사(7/2) 한국경제(7/2)한국외교(7/2) 한국민속(7/2)한국문화(7/2) 한국정치(7/2) 한국문화개론(7/2) 대중커뮤니케이션 및 한국문화(7/2) 한국 방언 및 지역문화(7/2) 한국문학사개론(7/2) 한국현대소설선독(7/2) 한국당대소설선독(7/2) 한국현대시선독(7/2) 한국근현당대시가사(7/2) 한국문학작품감상(7/2) 한국고전문학작품감상(7/2) 한국현대시인연구(7/2)	16	
장강 지역	수인대학 (사립대)	필수	한국문학선독 I (6/2) 한국문학선독 II (7/2)	2	
		선수	조선한국문학(7/2) 한국한자해설(7/2) 한국역사(4/2) 한국경제(4/2) 한국신문선독(6/2) 한국조선개황(1/2) 동아시아 사회와 문화(1/2)	7	
양광 (광동과 광서) 지역	광동외어외무 대학교	필수	남북한개황(5/2) 한국개황(6/2)	2	
		선수	한국문학작품선독 (5/4) 중한문학비교(6/2) 조선/한국문학작품감상(6/2) 조선/한국사회문화(6/2) 한국민속(6/2) 조선/한국문화사(7/2) 조선/한국외교사(7/2)	7	

서북 지역	서북정법대학	필수	조선-한국문학사(5/2) 조선-한국문학작품선독(6/2)	2
		선수	한국종합개황(2/2) 한국민속(2/2) 한국지리와 여행(3/2) 한국문화(3/2) 조선-한국국제관계사(4/2) 한국신문선독(5/2) 조선(한국)통사(7/2)	7
산동 지역	칭다오대학교	필수		0
		선수	한국신문선독(6/2) 한국문학사Ⅰ(6/2) 한국문학사Ⅱ(7/2) 한국(조선)역사와 문화(5/2) 중·한(조)관계사(6/2)	5
	중국해양대학교	필수	한국고대문학사(6/2) 한국현대문학사(7/2) 한국사회와문화(7/2) 중한문학관계사(7/2) 한국문학작품감상Ⅰ(6/2) 한국문학작품감상Ⅱ(7/2)	6
		선수	영화와 한국문화(7/2) 신문선독(7/2) 한국역사(6/2)	3
	칭다오 이공대학교	필수		0
		선수	한국개황(2/2) 조선반도역사(3/2) 한국기업과 문화(4/2) 한국신문선독(5/2) 한국경전영화감상(6/2) 한국소설선독(6/2) 한국산문과 시가 선독((6/2)	7

		필수	한국(조선)문학 I (5/2)	1
산동과학대학교		선수	한국(조선)개황(3/2) 중한문화비교(4/2) 한국(조선)문학II(6/2)	3
산동대학 위해(威海) 분교		필수	한국개황(1/2)	1
		선수	한국문학사 I (6/2) 한국문학사 II (7/2) 한국신문선독(7/2) 한국문학작품선독(7/2) 한국문화(7/2) 중ㆍ한관계사(7/2)	6

* 중국 대학교에서 2-4주 간의 국방교육을 실시하는 첫 학기를 제외하고 일반적으로 한 학기
에 16-18주 강의를 하며 한 시간 수업이 50분이다.

<부록 5> 중국 내에 출판된 『한국개황』교재 현황*

	출판시간	저자	출판사
1	2005	임종강(林從綱)	대련이공대학출판사
2	2009	박영호·윤윤진 등 (朴永浩·尹允鎭)	연변대학출판사
3	2010	지수용·김철 (池水涌·金哲)	세계도서출판사
4	2010	조항록(한국) 趙恒錄	대련출판사
5	2013	김건·김소·김성애 (金建·金曉婧·金星愛)	대련이공대학출판사
6	2015	이정수·신천 (李正秀·申泉)	대외경제무역대학교 출판사

* 중국에서 전자상거래로 도서판매가 3위에 들어가는 사이트는 dangdang, taobao 그리고 amazon이다. 그동안 정식으로 출판된 모든 도서는 이 세 사이트에서 찾을 수가 있다. 한국개론과 한국문화와 관련된 모든 교재는 그 세 사이트의 데이터를 기준으로 표A와 표B를 작성했다.

<부록 6> 중국 내에 출판된 한국문화에 관한 교재 현황
2008년~2020년 사이

	출판년도	교재 제목	저자	출판사
1	2008	『한국문화산책』	임선옥 · 이광인 (林善玉 · 李光仁)	연변대학출판
2	2009	『한국문화사』	양조전 (楊昭全)	산동대학출판사
3	2010	『한국어로 한국문화를 얘기한다』	임소예 · 최원평 (任曉礼 · 崔元萍)	대련이공대학출판사
4	2010	『한국문화』	전경 외 (田景 等)	중산대학출판사
5	2010	『한국문화개론』	진귀방 (秦桂芳)	산동대학출판사
6	2012	『간단하고 재미있는 한국문화1』	부산외국어대학교 한국어문화교육원 (한국)	북경대학출판사
7	2012	『한국문화의 이해』	임경순(한국) (林敬淳)	대련출판사
8	2014	『한국문화탐구』	김진호(한국) (金鎭浩)	세계도서출판사
9	2015	『한국문화통론』	유성운 (俞成云)	남경대학출판사
10	2015	『한국문화개론』	김동훈 (金東勛)	세계도서출판사
11	2016	『한국을 알자』	손대준(한국) (孫大俊)	북경대학출판사
12	2016	한국문화체험과 실훈	이충민 (李忠敏)	대련이공대학출판사
13	2017	『한국사회와 문화』	주영애 외 (朱明愛 等)	외국어교육과연구 출판사
14	2019	『한국문화』	박연동 외(한국) (朴延東 等)	화동이공대학출판사
15	2020	『한국사회와 문화』	조애선 외 (趙愛仙 等)	북경언어대학출판사

<부록 7> 문화 수업 용 교재 내용 분석

내용 구성	
한국개론	1장 지리; 2장 정치; 3장 경제; 4장 문화·문학·예술; 5장 교육; 6장 과학 기술; 7장 신문출판; 8장 체육; 9장 관광; 10장 종교 ; 11장 생활 및 민속; 12장 한국의 외교 및 중한관계
간단하고 재미있는 한국문화1	언어문화: 4장 한글은 누가, 어떻게 만들었나요? 　　　　 5장 선생님, 밥 먹었어? 　　　　 12장 배가 산으로 가겠어요. 생활문화: 1장 저기요, '교통카드'가 뭐예요? 　　　　 2장 은행에서 돈을 어떻게 찾나요? 　　　　 10장 한국 음식은 너무 매워요 　　　　 11장 찜질방에 가 보았나요? 지역문화: 6장 경주에 가 보았나요? 　　　　 8장 우리 단풍 구경 가요 대학문화: 3장 태권도 함께 배워 보실래요? 　　　　 7장 명절에는 무엇을 하며 즐겁게 지내나요? 　　　　 9장 돼지꿈을 꾸면 좋은 일이 생긴대요. 문학문화: 13장 얼굴보다 마음이 예뻐야지요. 　　　　 14장 나는 당신을 안고 물을 건너갑니다. 　　　　 15장 사랑하는 사람끼리 왜 결혼할 수 없나요?
한국사회와 문화	1장 지리; 2장 역사; 3장 정치; 4장 경제; 5장 사회; 6장 교육 ; 7장 종교; 8장 민속

<부록 8> 비언어적인 의사소통 수업 과정안

드라마 제목	사랑의 불시착 3회	단계	인수	차시
		3학년	20명	1/2
학습 목표	· 비언어적인 의사소통 담은 의미 이해 · 한·중 비언어적인 의사소통의 차이점과 공통점을 파악한다.			
수업 자료	학습지, 프린트(줄거리), 파워포인트 자료, 시청각 교실			
교수·학습 내용(시차로 나누기)				

1교시 (50분)	도입 (3분)	〈드라마 감상 전〉 · 인사하고 출석 확인한다. · 좋아하는 한국 드라마 제목을 물어보고 드라마 「사랑의 불시착」을 본다고 예고한다. · 드라마가 실제 생활에서 비롯되어서 현실과 유사하지만 완전히 일치한다고 생각하지 않기를 유의
	전개 (47분)	〈드라마 감상〉 · 드라마 「사랑의 불시착」 예고편을 보여주며 흥미를 유발한다. · 드라마 내용을 예측하고 말한다. · 학습지에 있는 줄거리를 읽으면서 어휘와 문법을 설명한다. · 비언어적인 의사소통 씬을 감상한다. · 감상하면서 학습 문제지를 푼다. · 수업 끝나기 전에 배웠던 내용들 간단히 정리한다. · 숙제를 낸다.
내면화 습득 단계 (강의 외 일주일 동안)		〈드라마 감상 후1〉 숙제를 내기: · 제일 인상이 깊은 장면이 뭡니까? · 인터넷으로 참고자료를 찾아보고 비언어적인 소통은 어떤 것들을 의미하는 것인가?(考考你) · 비언어적인 소통의 의미가 무엇인가? 예를 들어, 머리를 묶어준다든지 머리를 만진다든지 한·중 양국에서 그러한 문화 차이가 있는가를 파악한다.(考考你) · 비언어적인 의사소통과 언어적인 의사소통의 관계가 뭡니까? · 중국에 자주 사용하는 비언어적인 의사소통이 뭐가 있어요? 한국과 같은 의미가 있나요? 비교를 한 번 해보세요.(考考你) · 지정한 시일 내에 과제를 제출하기(亮闪闪)

2교시 (50분)	내면화 토론 단계 (45분 쯤)	**〈드라마 감상 후2〉** 모둠별 토론: · 비언어적인 소통은 어떤 것들을 의미하는 것인가?(考考你) · 비언어적인 의사소통과 언어적인 의사소통의 관계에 대해 모둠별 토론하기(亮闪闪), (考考你), (帮帮我) · 한·중 양국 비언어적 행동이 담은 의미의 차이점과 공통점
	마무리 (5분)	교사가 조별의 발표에 대해 간단히 평가를 해준다. · 비교를 통해 문화 차이를 인식하고 올바른 태도를 심어주기 · 배운 문화 요소를 정리하기 · 다음 드라마 스토리의 발전을 예측하기

<부록 9> 비언어적인 의사소통 학습지 내용

2. 드라마 장면을 보면서 빈 칸을 채우십시오.

동네남: 야~ 이 까만색 차 멋있다. 말로만 들었지 처음 본다야 이런 차.

나월숙: 이봐라 (   )지 말라. (   )지 말라.

리정혁: 뭐하고 있소?

윤세리: 아니 어디서 무슨 차를 끌구 왔길래 사람들이 다 (   )구경하구 난리야. 그냥 (   )이구만. 잠깐만요, 같이 나가요. 배웅해 줄게요. 집 앞까지만.

리정혁: (   ).

윤세리: 어제 아줌마들이 너무 (   ) 내 얼굴을 제대로 보지 못해서 그런 소리들을 하지 않을까 싶은데.

리정혁: 그런게 대체 왜 중요한 거요? 한 번 보고 말 사람들인데.

윤세리: 한 번 보고 말 사람들이니까 더 중요하지요, 한 번 (   ) 그 이미지 평생 갈 건데.

윤세리: 왜요? 응? (리정혁은 손수건을 내밀며)

리정혁: (   ).

윤세리: 뭘?

리정혁: 산발.

윤세리: 이렇게 비싼 산발 봤어요?

리정혁: 여기선 이런 산발로 돌아다니는 사람 딱 두 (   ), 외국인 아니면 미친 여자. (세리의 몸을 돌려준다. 그리고 손수건으로 머리를 묶어준다. 둘이 같이 집 밖으로 나간다.)

윤세리: 뭐, 애기같이 뭐 묻었어~ (손으로 옷에 뭘 터는 듯이)

리정혁: 뭐 안 묻었어.

윤세리: (   ). 누가 잡아먹어? 알았어요. 그럼 내 머리를 만져봐요. 머리를 만져보라고~ 다정하게 할까요?

리정혁: 전혀 모르오~

윤세리: 그래서 안 만져? 나 여기서 남는다. 확 (   )아주~ 약혼도 하겠다. 얼굴 내 타입이라고~ ㅎㅎㅎ

(리정혁이 협박을 받고 윤세리의 머리를 만져본다.)

리정혁: 다녀오겠소.

윤세리: 손 흔들고~

(리정혁이 손을 흔들고 떠났다.)

질문: 1. 세리가 왜 리정혁을 배웅하려고 하는 겁니까?

2. 한 번 보고 말 사람에 대해 세리와 리정혁의 태도는 각각 됩니까? 같습니까? 세리의 태도는 무슨 의미를 담고 있습니까?

3. 이 장면에서 비언어적인 의사소통이 몇 군데가 있습니까?

4. 옆에 있는 친구와 같이 짝을 지어서 남녀 주인공이 했던 것처럼 역할극을 해보세요.

<부록 10> 장면을 보고 물음에 답하십시오. (과제)*

①		남북한 아름다움에 대한 기준 차이가 뭡니까?
	아래 장면들 중에서 비언어적 의사소통이 담겨져 있는 의미가 각각 뭡니까?	
②		남자가 여자의 머리를 만져보는 것은 어떤 의미가 있습니까?
③		여자가 웃으면서 남자 가슴을 두드리는 것은 어떤 뜻을 가지고 있습니까?

* 이 표 안에 그림은 전체 제3회 화면 캡처이다.

④		세리가 리정혁에게 먼저 손 흔들라고 합니다. 리정혁이 먼저 손을 흔들고 나서 세리가 손을 흔들었습니다. 이별할 때 남자가 먼저 손을 흔드는 게 어떤 의미가 있습니까?
⑤		세리가 토끼같이 깡충깡충 집으로 뛰어가는 걸 보면 기분이 어떨 것 같습니까?

수업하기 전에 여러분이 잘 아는 한국의 비언어적인 소통이 있습니까? 뭡니까?
중국에서 연인 사이에 어떤 비언어적 의사소통이 있습니까? (동작으로 표현하세요)
중국에서 남자가 여자에게 좋아한다는 뜻으로 무슨 비언어적 의사소통이 있습니까?
한국 인터넷에는 머리 묶어주는 장면을 보고 '개 부럽다'는 말들이 있었다. 그리고 실제 그 장면을 패러디하기도 한다. 블로그들은 '마음속의 일등씬', '키스보다 설렌다.'라고도 쓰여 있다. 왜 그럴 것 같습니까? 이해가 됩니까?

<부록 11> 한민족의 술문화 수업 과정안

드라마 제목	한민족의 술문화 (2회, 4회, 5회, 7회)		단계	인수	차시
			2학년	16명	1/2
학습 목표	· 한민족의 술문화 이해: 북한의 탈맥과 남한의 치맥의 내함 술을 먹는 금기와 주도를 이해한다. · 한·중 양국 술문화 비교를 통해 공통점과 차이점을 파악하고 주의사항을 도출한다.				
수업 자료	학습지, 프린트(줄거리), 파워포인트 자료, 시청각 교실				
교수·학습 내용 (시차로 나누기)					
1교시 (50분)	도입 (3분)	**<드라마 감상 전>** · 인사하고 출석 확인한다. · 한국인과 술을 같이 먹어본 적이 있는지 물어보고 주의사항이 있는지도 물어본다. · 유행어 '치맥'을 들어본 적이 있는지 물어보고 '탈맥'의 의미를 물어본다.			
	전개 (47분)	**<드라마 감상>** · 교사가 줄거리를 구술하고 학습자에게 듣기를 훈련시킨다. · 학습지에 정리된 어휘와 문법을 설명한다. · 술문화와 관련된 씬을 감상한다. · 감상하면서 학습 문제지를 푼다. · 수업 끝나기 전에 배웠던 내용들 간단히 정리한다. · 과제를 낸다.			
내면화 습득 단계(강의 외 일주일 동안)	**<드라마 감상 후1>** 과제를 내기: · 수업 시간에 한국의 술문화를 소개했다. 씬 4개를 각각 무슨 술문화를 소개하는 것입니까? · 한국인이 즐겨먹는 술의 종류를 알아보고 습관으로 항상 어울러서 먹는 안주도 찾아보기(考考你)남한에는 심심풀이 땅콩이란 말이 있는데 무슨 뜻인지 아세요?				

		· 북한에는 탈맥이 있고 남한에는 치맥이 있다. 혹시 여러분이 있는 지역에는 맥주와 찰떡궁합이 맞는 안주가 있습니까? 그것이 뭡니까? 한번 말해 보세요. 폭탄주라는 것을 들어본 적이 있습니까? 폭탄주가 탄생의 이유는 어디에서 비롯되는 것입니까? · 한민족은 술에 대한 태도를 알아보기, 한국에서 술의 사회적인 가치를 알아보기 · 한국인이 중국 백주에 대한 태도, 잘 아는 중국의 명주는 뭐가 있는지를 알아보기 · 여자가 자기에게 술을 따르려고 했는데 남자가 왜 술병을 받아 여자에게 술을 따르는 거죠? · 한국에는 어떤 사람이 술을 먹을 수 없습니까? 중국에서는요? · 한·중 양국에서 술문화의 공통점과 차이점을 파악하고 한국인과 술을 마실 때의 주의사항을 도출한다.(考考你)정해진 시일 내에 숙제를 제출하기를 요구한다.
2교시 (50분)	내면화 토론 단계 (45분)	**<드라마 감상 후2>** 모둠별 토론:(30분) · 팀원마다 교사가 제출한 질문에 대한 답을 밝힌다.(亮閃閃) · 자신이 술문화에 대해 인상이 제일 깊은 부분이나 가장 재미있다고 생각하는 부분을 다른 팀원에게 질문한다.(考考你) · 자신이 잘 모르는 것은 다른 팀원에게 도움을 청한다.(帮帮我) · 팀원이 다 같이 합력하여 한국의 술문화 중에 주도, 주의사항, 술 먹는 금기 그리고 술을 유행하게 먹는 법 등 토론한다. 그리고 한민족 술문화에 대한 이해와 태도, 한·중 양국의 차이점과 공통점을 정리하여 발표하도록 한다. 교사가 제출한 질문에 대해 팀원들이 일치한 대답을 할 수 있도록 노력한다. ② 팀장 진술하기 (15분) · 각 조별이 대표를 뽑아 팀원의 생각을 발표하도록 한다.(亮閃閃) · 교사가 팀장의 발표를 듣고 나서 질의응답을 실시한다. 이 과정은 모둠별의 문제점을 물어보고 팀장이 대답을 한다.

마무리 (5분)	· 교사가 조별의 발표에 대해 간단히 평가를 해준다. · 한 · 중 양국 술문화 비교를 통해 문화 차이를 정확히 인식하고 한국인이나 한국 사회에 대한 이해를 더욱더 시킬 수 있다. 술문화 차이로 인한 오해를 예방 방법을 제공해 주기도 한다. · 술문화 내용을 정리하면서 한국 술문화에 대한 올바른 태도를 밝힌다. · 그 과제를 낸다.	

<부록 12> 술문화 수업 학습지 내용

---

2. 드라마 장면을 보면서 빈 칸을 채우십시오.

① 호프집에서 치맥 2회
박수찬: 우리 홍팀장님~ 벌써 시작하셨어~(치킨과 맥주를 다 시켰어) 미안 미안 ~
　　　(　　　)이라 일이 많아.
홍팀장: 아니야 ~ 편하게 볼 일 있으면 볼 일 다 보고 와도 되는데~
박수찬: (　) ~ 내가 볼 일 중에서 가장 중요한 볼일이 너지. 니가 무려 누굴 소개줬냐?
　　　너의 대표님이잖아? ㅎㅎㅎ
(홍팀장이 맥주잔을 들고 마신다)
박수찬: 그 계약 성사한 다음에 회사에서 나 아무도 못(　). 그 개부장 있잖아? 그 인
　　　간도 내 (　) 다니까? 내가 요새는 대놓고 개부장한테 막 개기잖아? 그래도
　　　아무말 못해~
홍팀장: 수찬아 야~ 이 자식아~ 너 왜 그랬어? 왜 개겼어?
박수찬: 아니야 아니야~나 이제 그래도 돼~
홍팀장: 아니야~ 안 돼~
박수찬(치킨을 먹으면서): 어제 잘릴까 오늘 잘릴까 걱정하는 그 박수찬이 아니라니까.

② 탈맥
세리: 무슨 일들이신지?
옥금: 아까 다 봤습니다.
세리: 뭘요?
옥금: 얼마나 상심이 큽니까?
세리: 아닌데요
영애: 자~ 여기서 이렇게 아니라~ 들어가서 얘기하자구. 이럴 때는 탈맥을 해야 해~
다들: 그렇죠. 들어가자우~
세리: 아니 저기~ 탈맥이 뭐예요? 치맥도 아이고~
만복의 아내: 아니~ 탈맥을 모릅니까? (　)랑 맥주죠. (　). 한번 맛보면 꿈에도 나
　　　옵니다.

③ 미성년자 술 먹는 금기
은동: 나도 한 잔~
세리: 너는 애기잖아. (　　　)이 무슨 술이야?

표치수: 군대도 왔는데 술은 왜 못 먹었는데? 자~

세리: 안 돼~ 안 돼 ~ 미성년자 안 돼 그래.

④

서단: (   )~

구승준: 다들 날을 잡고 싶어 가지고 밥 먹고 차 마시고 영화 보고 (   )고 싸우고
　　　　 밤새 잠 못 자고 헤어졌다. 또 달려가고 (   )를 하는 건데 날을 잡아 버렸잖
　　　　 아? 할 게 없잖아? (   )? 이거 (   )의 폐해라니까?

서단: 뭐 이렇게 잘 알아?

(서단이 소주병을 따고 자신에게 술을 따르려다가 구승준이 술병을 받아가지고 서단에
게 술을 따르는 장면)

질문:

1. ① 장면을 보고 나서 생각나는 단어가 혹시 있습니까?
2. ② 탈맥은 뭡니까? 이럴 때 탈맥을 해야 한다고 하는데 이럴 때는 어떤 상황을 말하
　　는 것입니까?
3. ③ 술 먹는 금지는 뭡니까?
4. ④ 구승준이 왜 서단 손의 술병을 받아가지고 서단에게 술을 따르는 겁니까?

<부록 13> 장면을 보고 물음에 답하십시오. (숙제)*

① 수업 시간에 한국의 술문화를 소개했다. 씬 4개를 각각 무슨 술문화를 소개하는 것입니까?		

②		드라마 속에 북한의 여성들은 맥주를 마실 때의 안주들을 보여주는 장면이다. 탈맥을 제외하고 또 안주로 뭐가 있는지 말해 보세요. 그리고 심심풀이 땅콩이란 말이 있는데 무슨 뜻인지 아세요?

③ 북한에는 탈맥이 있고 남한에는 치맥이 있다. 혹시 여러분이 있는 지역에는 맥주과 찰떡궁합이 맞는 안주가 있습니까? 그것이 뭡니까? 한번 말해 보세요.

④ 한국에는 맥주를 제외하고 또 무슨 술이 있는지 그리고 보통 무슨 안주와 같이 먹는지 말해 보세요. 그리고 폭탄주라는 것을 들어본 적이 있습니까? 폭탄주가 탄생의 이유는 어디에서 비롯되는 것입니까?

⑤ 한국인들은 중국의 백주에 대한 느낌 뭔지 아세요? 혹시 한국인이 제일 좋아하는 중국의 술의 이름을 3개 말해 보세요.

⑥ 한국에는 어떤 사람이 술을 먹을 수 없습니까? 중국에서는요?

⑦ 한국 술은 보통 몇 도입니까?

⑧		여자가 자기에게 술을 따르려고 했는데 남자가 왜 술병을 받아 여자에게 술을 따르는 거죠?

⑨ 한국에 술을 먹을 때 주의사항이 뭔지 말해 보세요. 혹시 중국에서도 술을 먹는 금기나 예의 같은 것이 있습니까?

---

* 이 표 속에 그림은 전체 제3회 화면 캡처이다.